Kompass
zur
Freude –

*Starte deine Reise
ins Glück!*

Tim Guillaumon

Kompass zur Freude –

Starte *deine* Reise ins

Glück …

Tim Guillaumon veröffentlicht hiermit sein erstes Buch. Für FuPa Niederrhein war er bereits schriftstellerisch tätig und verfasste innerhalb der letzten Jahre zahlreiche Berichte über Sport-Events. In den Jahren 2015 – 2019 war er Autor und Betreiber des eigenen Blogs Da(r!)ting-Show, auf dem er Beiträge veröffentlichte, die von vielen Interessierten des Dartsports verfolgt wurden.

ISBN: 9783757820688
Herstellung und Verlag:
BoD - Books on Demand, Norderstedt

Es gehört Mut dazu, sich so zu zeigen, wie man in Wahrheit ist.

(Søren Kierkegaard)

Inhalt

Hinweis:

Das vorliegende Buch ist dem Genre *Ratgeber* zugeordnet. Der Autor weist auf seinen ausdrücklichen Wunsch hin, es als „Werkzeug" zu gebrauchen. Um hierfür eigene Notizen im Fließtext zu ermöglichen, ist der Zeilenabstand großzügig gehalten.

Weiterhin enthält dieser Ratgeber zahlreiche Imperative, die als Ermutigung gedacht sind, in Form von Affirmationen und Leitsätzen. Diese sind durch Zeilenumbrüche vom Fließtext getrennt und erscheinen zur besseren Sichtbarkeit und Verinnerlichung in einer separaten Zeile.

Prolog

Ich kenne keinen Menschen, der glücklicher ist als ich.

Der Weg dorthin war steinig und begann im Frühjahr 2015, ein halbes Jahr vor meinem 17. Geburtstag. Es war die Zeit, in der meine Mutter mich von der Schule abmeldete. Gefühlte Ewigkeiten war die Schulzeit eine Tortur für mich gewesen.

Mitschüler mobbten mich wegen meines Asperger Autismus und meiner Hyperaktivität, die Welt schien sich nur um mich und meine Probleme zu drehen, ich bekam Depressionszustände, und Vierernoten waren ein Erfolg.

Seit jenem Frühjahr 2015 habe ich einen Ausbildungsabschluss mit 1,0 absolviert, und es ist nicht nur meine Körpergröße, sondern auch mein Selbstbewusstsein in die Höhe geschossen.

Ich möchte Menschen mit meinem Lebensweg inspirieren, glücklicher zu werden.

Dies beinhaltet unter anderem die Erkenntnis, dass man selbst gar nicht so wichtig ist, wie man glaubt zu sein, aber auch das Akzeptieren der eigenen Schwächen und das Bewusstwerden der Irrelevanz von materiellen Gütern.

Des Weiteren benötigt man einen unabhängigen Geist – und nicht das Gefühl, seine Leere durch andere Menschen auffüllen zu müssen.

Familienmitglieder, Freunde und die Philosophie der östlichen Welt haben mich bei diesem Wachstumsprozess begleitet.

Ich wünsche dir viel Freude beim Lesen dieses Ratgebers.

Und nun, erhebe dich und schreite los … :

Auf – zum Glück!

❥ ☞ ❤

Sieben unverflixte Jahre

Es ist Anfang des Jahres 2015. Ich stehe an dem Tiefpunkt meines noch jungen Lebens und habe depressionsähnliche Zustände.

Ich bin Opfer von Mobbing, bringe schlechte Schulnoten nach Hause. Sie sind so schlecht, dass meine Mutter versucht, mich aufzuheitern, wenn es zumindest eine 4 ist.

Regelmäßig stehe ich mitten in der Nacht verheult vor ihrem Bett und flehe sie an, dass sie mich am nächsten Morgen nicht in die Schule schickt.

Meiner Mutter habe ich es zu verdanken, dass sie mich vor die wichtigste und beste Entscheidung meines Lebens gestellt hat, indem sie eines kalten Wintermorgens Folgendes zu mir sagte:

„Tim, du brauchst nicht mehr zur Schule zu gehen, wir finden einen anderen Weg."

Diese Entscheidung ist zweifelsohne kontrovers: einen Neuntklässler von der Schule zu nehmen, der wenige Monate vor seinem Abschluss zur Mittleren Reife steht.

Die Entscheidung ist so kontrovers, dass sich auch innerhalb der Familie bei dieser Thematik die Geister scheiden. Mein Opa, der mittlerweile verstorben ist, hat das nie verstanden und den Kontakt zu mir abreißen lassen.

Dennoch bereue ich im Nachhinein nichts.

Ich konnte wachsen: seelisch, mental, körperlich.

Verstanden hat diese Entscheidung mein Hausarzt, der mich für das letzte halbe Jahr der 10. Klasse der Realschule krankgeschrieben hat, und dem ich hiermit noch einmal danken möchte.

Herr Dr. Lamersdorf, wenn Sie das hier lesen: Ihnen ist es unter anderem zu verdanken, dass ich heute der glücklichste Mensch bin, den ich kenne!

Ich schreibe dieses Buchkapitel Ende des Jahres 2022. Es ist mir ein Anliegen, dass – bedingt durch meine Sichtweisen – die Menschen ein glücklicheres, ruhigeres, aufgeräumtes und besseres Leben leben.

Trotz vorhandener Einschränkungen (in meinem Fall ein Grad der Behinderung von 50% aufgrund einer Form von Autismus, die als seelische, angeborene und unheilbare Krankheit gilt, sowie eine motorische Einschränkung rechtsseitig) weiß ich, wie es ist, sein eigenes Leben so umzukrempeln, dass man innerhalb von sieben Jahren von einem depressiven Viererschüler zu einem rundum glücklichen, jungen Mann reifen kann, der im Herbst 2022 einen kaufmännischen Abschluss von 1,0 absolviert hat.

Habe ich dein Interesse geweckt, und du möchtest selbst etwas für dein Leben mitnehmen?

Gut, dann wünsche ich dir jetzt viel Spaß bei der Verinnerlichung meines Herangehens und Transformation hin zu neuen Sichtweisen und einem wertvollen, im besten Fall immerwährenden Wohlbefinden!

Los geht's –

Starte mit mir

<u>*deine*</u> *Reise*

ins Glück!

Energieräuber

Graue Tage ...

An grauen Tagen fehlt Sonnenlicht, man kommt häufig nicht richtig in Tritt, ist unmotivierter, fühlt sich schlapp und ist anfällig für Depressionen.

Den Fehler, den viele Menschen dann machen, ist, erst gar nicht aus dem Haus zu gehen. Dennoch sollte man gerade erst recht an grauen Tagen den Weg in die Natur suchen.

Sie gibt Kraft.

Ich mache täglich Spaziergänge von mindestens 30 Minuten.

Man muss zweifelsohne etwas aus seiner Komfortzone hinaustreten und sich meistens wärmer einpacken, doch was dann passiert, lohnt sich: Ein körpereigener regelrechter

Cocktail aus Glückshormonen wie Serotonin, Dopamin und Noradrenalin wird ausgeschüttet, und es kommt zur Produktion von körpereigenem Vitamin D (das ist das einzige Vitamin, das nicht hauptsächlich durch Nahrung aufgenommen wird).

Achte beim nächsten Spaziergang auf die Wirkung von frischer Luft auf deinen Körper und dein Wohlbefinden.

All die Eindrücke, die du genießen kannst, liegen dir kostenlos zu Füßen.

Greif zu!

Bereits nach wenigen Minuten blühst du regelrecht auf, fühlst dich agiler, beweglicher, attraktiver. Dein Stoffwechsel, deine Zellen, deine Haut, deine Organe werden dir dieses wertvolle Auftanken danken!

Gehe in ein schönes Waldstück und lasse diese Kraft auf dich wirken.

Wenn du bewusst atmest und dich der Natur hingibst, wirst du spüren, welch ungeahnte Heilung sie in dir hervorrufen kann. In ihr findest du Ruhe, Sauerstoff, schöne Tiere und Farben, faszinierende Geräusche wie das eines Wasserlaufes oder wohlklingendes Blätter-Rascheln – und einen ruhigen Ort zum Sortieren der Gedanken, um neue Lösungsansätze bei anstehenden Herausforderungen oder Sorgen zu finden.

Zu Traurigkeit neigende Menschen sollten sich das besonders zu Herzen nehmen.

Besinne dich wieder auf die stärkenden Energiegeber der Natur.

Geh raus!

Ich wäre ebenfalls schlecht drauf, wenn ich mich zuhause einigeln oder dem Selbstmitleid hingeben würde. Die grauen Wolken in deinem Kopf werden nicht heller, wenn du das Grau draußen meidest.

Lass dein Smartphone zuhause.

Genieße die beschriebenen Eindrücke, lass sie auf dich wirken und erlebe die beste Therapiestunde (kostenfrei!), die du haben kannst.

Negative Menschen ...

Ein harter, aber wichtiger Schritt auf dem Weg in das erfüllte Glück ist es, Menschen aus deinem Leben zu sortieren, die dir nicht gut tun.

Permanent negative Menschen gehören dazu. Du kannst nicht wachsen, wenn du dich ständig von schlechten Energien toxischer Menschen herunterziehen lässt.

Bitte nicht falsch verstehen: Ich habe nichts gegen diese Art von Mensch. Mir tun sie etwas leid. Aber es ist nicht deine Lebensaufgabe, das

Ohr für alles Negative um dich herum zu sein –
außer du bist Psychologe.

Ich selbst habe über die letzten Jahre hinweg radikal meinen Bekanntenkreis eingeschränkt und ließ Kontakte abbrechen, da ich mich selbst schützen wollte. Mit meinem Alltag habe ich genug selbst zu bewältigen und kann keine vermeintlichen Probleme auf mir abladen lassen, die zu gefühlt 95 % bei näherer Hinsicht keine *echten* Probleme sind. Jeder Mensch hat mal bessere Tage und mal schlechtere.

Es gibt kaum Menschen, die darum bitten, sich negativen Kram anzuhören, weil dich so etwas mutmaßlich genauso wenig interessiert wie mich. Das ist menschlich und gehört zu einer gesunden Art von Egoismus oder vielmehr Selbstachtung.

Reduziere deinen Bekanntenkreis.

Wähle positive Menschen in deinem Umfeld.

Weniger ist häufig mehr, und in diesem Fall bedeutet „weniger" vermindert Stress in deinem Leben.

Ich für meinen Teil lasse negative Themen immer weniger an mich heran, indem ich mein Gegenüber nach Versuchen des Startens einer Diskussion wortlos für mehrere Sekunden angucke.

Danach sollte klar sein, dass ich weder die Lust noch die Zeit habe und erst recht nicht die Nerven dafür aufwenden möchte.

Grenze dich ab.

Menschen, die dich gern haben und an deinem Seelenwohl interessiert sind, respektieren deinen Wunsch nach Selbstbestimmung und Positivität.

Neider – und warum Sie gut sind …

Neider, oder in der Welt der sozialen Medien auch „Hater" genannt, sind Energieräuber.

Definitiv.

Sie machen dich runter, kritisieren und verurteilen dich, obwohl sie dich eigentlich gar nicht richtig kennen.

Doch genau diese Hater verlieren im Leben, weil sie einen entscheidenden Fehler machen: Sie versuchen, dich runterzuziehen, anstatt sich selbst hochzubringen.

Sie wenden ihre Energie dafür auf, ihr erbärmliches Leben ein Stück weit unerbärmlicher zu machen, indem Sie vermeintliche Fehler bei Leuten suchen, die sie zum Teil nie persönlich kennengelernt haben.

Wenn man das Ganze jetzt mal positiv ummünzen möchte: Es ist eine Bestätigung für dich, dass du Vieles richtig machst.

Jeder Mensch, der erfolgreich ist, hat Hater oder Neider.

Erfolgreiche Menschen bekommen Gegenwind, wenn negative, toxische Menschen gerne so klug, smart, kreativ, intelligent oder dergleichen wären.

Ich selbst bin rundum zufrieden mit mir, das merken toxische Menschen, gönnen mir das nicht und wollen mich kleinhalten.

Doch darauf gehe ich nicht ein.

Vergewissere dich, dass du den Hate *bekommst*, anstatt ihn zu *geben*.

Lass dich auf keinerlei negative oder schwächende Spielchen ein.

Das ist nicht dein Stil.

Ich habe gelernt, meine Hater zu schätzen. Sie sind eine Art Gradmesser deines Erfolgs.

Wenn du keine Neider hast, läuft es nicht bei dir. Wenn du keine Hater hast, bist du nicht relevant genug, den Hate abzubekommen.

Mach dir keinen Kopf über deine Neider, mach dir höchstens mal Gedanken, sobald du merkst, dass sie weniger werden.

Lass dich von Menschen, die schlecht über dich denken und reden, nicht runterziehen.

Genieße und lebe aus, was du kannst, und nimm bewusst wahr, was Andere an dir herausragend und besonders finden.

**Du verlierst doppelt,
wenn es dir schlecht geht …**

Schlechte Gedanken oder schlechte Stimmungen hindern dich massiv an jedem deiner Entwicklungsfortschritte. Häufig kommen diese durch die bewusste Streuung

Anderer von außen. Jedes Mal, wenn es dir dadurch schlecht geht, gewinnen die Leute, die dich nicht leiden können – und: die *du* nicht leiden kannst.

Definiere dich nicht durch das Urteil von Außenstehenden.

Nur du selbst kennst dich zu 100%, und das ist gut so.

Rechtfertige dich nicht.

Der Schweigende findet mehr Gehör als der, der sich ständig erklärt und von allen akzeptiert und gemocht werden möchte.

Die Scheinwelt des Materialismus ...

Materialismus ist einer der Hauptblockaden, wenn es darum geht, dein persönliches Glück zu finden. Die Werbeindustrie gaukelt dir vor, dass du Sachen benötigst, die komplett überflüssig sind.

Brauchst du wirklich ständig neue Anschaffungen?

Ist dir klar, dass die meisten Gegenstände, die du dir zulegst, zusätzlichen Ballast bedeuten?

Mach dich frei davon.

Käufe von neuen materiellen Luxus- oder Gebrauchsgütern sind häufig unnötig, denn es handelt sich meistens um Statussymbole, die du herzeigen sollst, um Leuten zu gefallen, die du zum Teil weder magst noch kennst.

Diese vermeintlichen Statussymbole haben nichts *mit dir als Mensch* zu tun. Es sind Täuschungen, die von innerer Leere ablenken. Vielleicht sind sie ein teurer Strohhalm für Leute, deren Leben spießig, langweilig und nichtssagend verläuft.

Du bist weder der Inhalt deines Geldbeutels noch das Auto, das du fährst, und auch nicht die Arbeit, die du ausführst.

Diese Äußerlichkeiten haben mit deinem inneren Wert nichts zu tun.

Definiere Glück nicht über Finanzen oder materielle Güter.

Dieses Buch ist dazu da, dich auf deinem Weg zum Glück zu begleiten.

Die meisten Lebensberater raten dir, dies und jenes zu tun, damit du dich gut fühlst. Mir persönlich ist es egal, woher du deine Freude und dein Selbstbewusstsein beziehst. Sei es trainieren zu gehen, zu reisen oder möglichst viele Sexualpartner zu haben. Manche Menschen ziehen ihr Selbstbewusstsein aus diesen Punkten, andere haben es von Grund auf.

Möchtest du frei und unabhängig von äußeren Umständen sein, so fokussiere dich darauf, dein Selbstbewusstsein aus dir selbst zu speisen und daraus, was dir Freude macht.

Konzentriere dich auf dich, deine Wünsche, deine Ideen, deine Bestimmung.

Ich persönlich bin mental an niemanden gebunden – und somit frei im Kopf, weil ich zwischenmenschlich quasi nichts zu verlieren habe.

Ein Beispiel: Ich bin glücklicher als ein Millionär, der sich zwar alles kaufen kann, aber gleichzeitig Angst vor Veränderung hat, wenn er sich von seiner Frau scheiden lässt.

Der Millionär lebt in seinem selbstgebauten Gefängnis und ist vielleicht deutlich unglücklicher als du nach Beenden dieses kleinen Buches.

Energiegeber

Familie ...

Ein intaktes Familiengerüst ist eine der wertvollsten Energiequellen. Mit Sicherheit gibt es mit einigen Familienangehörigen von dir hier und da Differenzen. Aber sie steht zum Großteil, auch wenn es hart auf hart kommt, hinter dir, egal, was du tust.

Du könntest ein Schwerverbrecher sein und jahrelang hinter Gittern verweilen, und trotzdem würde deine Mutter vorbeikommen, dich besuchen und dir Mut zusprechen.

Zur Klarstellung: Es ist vollkommen menschlich, wenn man nicht mit allen aus der Familie gleich gut auskommt.

Ich beispielsweise mag nicht jeden aus meiner Familie, aber ich respektiere jeden.

Die Familie sucht man sich bekanntlich nicht aus, dennoch ist sie Teil eurer Historie.

Dieses Verhältnis steht für sich.

Hobbies ...

Zum Glück zählt auch, dich abseits des stressigen Alltags mit Sachen zu beschäftigen, die dir gut tun.

Pflege Hobbies!

Ich habe den Eindruck, dass gerade Menschen, denen schnell langweilig wird, häufig gar nicht wissen, was ihre Hobbies sind oder schlichtweg keine haben. Ich bin jemand, dem nie langweilig ist, da ich einige Hobbies habe und immer etwas mit meiner Zeit anzufangen weiß.

Wenn du viele Interessen hast, ist jeder Augenblick interessant!

Sollte dir häufig langweilig sein: Setze dich hin, nimm einen Stift und einen Block und schreibe nieder, für was du dich interessierst oder was deine Neugierde und deine Leidenschaft weckt.

Nimm dir regelmäßig deine Zeit, diese Interessen in aller Ruhe auszuführen.

Du brauchst die daraus gewonnene Energie, um den Alltag erfolgreich und glücklich zu meistern.

Dieses Buch soll dich dabei ermutigen, mentale Unabhängigkeit zu erreichen. Deswegen begrüße ich es, wenn du Hobbies hast, die du *alleine* ausführen kannst – ohne Abhängigkeit von Anderen. Spaß zu haben an etwas, dass du für dich – ohne dass du auf andere Personen angewiesen bist – tun kannst, hilft dir ungemein, diesen Prozess voranzutreiben.

Strebe nach mentaler Unabhängigkeit.

Sobald du sie mehr und mehr verinnerlichst, wirst du spüren, wie deine Resilienz wächst –

dies ist ein unabdingbarer Schritt auf deiner Reise ins Glück.

Vereinzelte, gute Freunde ...

So wichtig und richtig es auch ist, alleine Zeit zu verbringen und mental unabhängig zu sein, sollte zumindest irgendjemand dich mögen und gut finden. Mit dem Lebensstil, den ich dir vermitteln möchte, wirst du gelegentlich anecken und auf Unverständnis stoßen, weil manche Menschen gelebte Freiheit eines Anderen als Egoismus empfinden und sie Selbstbewusstsein mit Arroganz verwechseln.

Ich selbst habe mehrmals zu spüren bekommen, dass es nicht immer gut ankommt, wenn man Freude ausstrahlt.

Wichtig bei der Freundeswahl ist es, dass es richtige Freunde und keine Alibi-Freunde sind.

Stell dir selbst die Frage: „Auf wen kann ich zählen, wenn es hart auf hart kommt?"

Leute, die einen riesigen Freundeskreis haben, sind meiner Erfahrung nach oft kuschende Trittbrettfahrer.

Wenn du jedoch Ecken und Kanten hast, ist es natürlich, dass die verlässlichen Freunde von den Falschen herausstechen und zu dir stehen. Zumindest sollten sie deine Meinung nicht verurteilen. Hier kommt wieder das Aussortieren ins Spiel, weil Alibi-Freundschaften dir nicht gut tun.

Wenn du mutig deine Meinung vertrittst, wird diese Ehrlichkeit die Aussortierung übernehmen, weil einige Menschen mit Ehrlichkeit nicht umgehen können.

Zu einer guten Freundschaft gehört es, dass du dich nicht zu verstellen brauchst. Gute Freunde akzeptieren auch, dass du nicht immer Zeit hast und dich schlichtweg deinen eigenen

Aufgaben widmest, um deine Projekte, Wünsche, kurzum: deinen eigenen Kosmos hast, um den du dich kümmerst und in dem du lebst.

Unterscheide gute Freunde von *vermeintlich* guten.

Sei für *gute* Freunde da, und tue alles für sie, was in deiner Macht steht.

Nicht weniger, aber auch nicht mehr.

Alles andere tut dir nicht gut, wirft dich aus deiner Balance, lenkt dich ab und entfernt dich von deinen selbst gesteckten Zielen.

Natur ...

In vielerlei Hinsicht profitierst du von der Kraft der Natur. Der Schritt vor die Haustür bedeutet Abschalten, Luft und Ruhe tanken, Gedanken ordnen, Bewegung, Runterkommen, weg von Hektik, raus aus der Enge der eigenen vier Wände. Die Natur gibt Energie.

Ein Vorschlag: Nimm das Buch mit und setze dich auf eine schöne Bank – egal, welches Wetter bei dir vor Ort gerade ist.

Raus mit dir! ☺

Ernährung ...

Wenn du Energie haben möchtest, achte auf eine ausgewogene Ernährung.

Körper und Geist werden es dir danken.

Solltest du ständige Schlappheit verspüren, könnte ein Grund dafür sein, dass du zu viel Junkfood konsumierst. Fastfood mit vielen Kohlenhydraten drückt deine Energie und macht dich anfällig für Müdigkeit in den Nachmittagsstunden, Gereiztheit, reduziertes geistiges Potenzial.

Ich empfehle dir dahingehend, dich mit der ketogenen Ernährung auseinanderzusetzen. Sie enthält kaum Kohlenhydrate, hält dich körperlich und mental fit und hilft zudem beim Abnehmen.

Probiere es aus!

Iss weniger Carbs und trinke mehr Wasser.

Atmung ...

Achte auf deine Atmung.

Nimm dir Zeit, bewusst zu atmen und frische Luft wahrzunehmen.

Atme gleichmäßig, besonders auch in Stresssituationen.

Gehe regelmäßig an ruhig gelegene und saubere Orte wie Waldstücke oder abgelegene Seen, dort ist die Luft frisch und feinstofflich am hochwertigsten.

Nimm dir auch immer ausreichend zu trinken mit, am besten Wasser.

Die Kombination aus frischer Luft und Wasser stärkt deine Zellen. Du benötigst ausreichend Flüssigkeit, um Energie zu haben und Schlackenstoffe auszuspülen.

Trainiere dir Atemtechniken an, die du rituell anwenden kannst und die dir eine Art mentalen „Safe-Spot" liefern.

Atme jetzt tief ein.

Jetzt aus.

Fällt dir auf, wie gut dir das tut? Wiederhole dies immer, wenn möglich mit geschlossenen Augen, wann immer dir danach ist, du eine kurze Auszeit brauchst und dir etwas Gutes tun möchtest.

Verfalle nicht in Hektik, auch nicht in stressigen Momenten.

Hier möchte ich ein Zitat meiner Großtante einfügen, die Worte einer klugen und erfahrenen Frau, die sie im Alter von 91 Jahren sprach:

„Mach langsam, dann geht's schneller."

Dein Potenzial entfaltest du nur, wenn du dich von niemandem hetzen lässt und du selbst das Tempo deines Tuns bestimmst.

Ätherische Öle ...

Besorge dir ein hochwertiges ätherisches Öl.

Billigöle werden im Destillierungsprozess oft zu hoch erhitzt, sodass wertvolle Inhaltsstoffe zerstört werden, oder enthalten schlimmstenfalls durch Streckung mit Mineralöl Zusatzstoffe, die weder in den Diffusor noch auf die Haut gehören.

Ein Diffusor ist übrigens ein hocheffizientes Verneblungsgerät, in dem mittels Ultraschall das eingefüllte Wasser in feinste

Wassertröpfchen umgewandelt wird, die den Träger für das beigemischte ätherische Öl bilden. Diese Mischung befeuchtet und beduftet die Raumluft nicht nur, sondern reichert sie regelrecht an mit all den wertvollen stärkenden, antiviralen und antimykotisch wirkenden Bestandteilen ätherischer Öle.

Verwende keine Duftlampen.

Durch die Kerzenflamme wird das Wasser/Öl-Gemisch zu hoch erhitzt. Wirkstoffe in ätherischen Ölen werden ab 60 Grad zerstört – dafür ist ein gutes ätherisches Öl zu schade.

Für den Anfang empfehle ich Lavendel, Pfefferminze, Fichte oder Zitrusöle. Letztere wie Zitrone, Orange, Bergamotte, Limette, Mandarine etc. sind photosensitiv, daher sollte man ein paar Stunden nach dem Auftragen die betreffenden Hautpartien nicht direktem Sonnenlicht aussetzen, da es sonst zu Verfärbungen kommen kann.

Diese Essenzen der Pflanzen sind in allen Lebensbereichen einzusetzen, viele sogar innerlich entweder pur, in Leerkapseln gefüllt oder auch als Würze beim Kochen oder in Getränken.

Die Einsatzmöglichkeiten sind nahezu grenzenlos. Ein neuer Kosmos tut sich auf, wenn du dich für diese Geschenke aus der Natur öffnest.

Wer ätherische Öle verwenden möchte, kann mich gern kontaktieren – bei einem Probelauf stehe ich mit großer Freude beratend zur Seite.

Ätherische Öle haben auf mich eine sehr positive Wirkung und unterstützen mich auf meinem Weg.

Sie duften nicht nur, sie beeinflussen auch meine Stimmung positiv. Ob Lavendel zum Runterkommen, Minze / Eukalyptus / Basilikum gegen Kopfschmerzen oder Citrus-Öle für die Konzentration und Energie: Sie sind eine Wohltat, wenn du dich auf sie einlässt.

Zudem stärken sie das Immunsystem (wie beispielsweise Nelke, Zimt, Zitrone und Rosmarin) und können somit Krankheiten vorbeugen.

Ich persönlich bin kein Freund der Tablettenfresserei geschweige denn der Schulmedizin. Vorbeugen lässt sich mit einem möglichst giftfreien Lebensstil und einer positiven Grundhaltung.

Erschaffe dir dein eigenes Ritual mit ätherischen Ölen.

Wenn nicht schon geschehen, gib ihnen eine Chance, probiere sie aus und danke mir später.

;-)

Meine Lieblingsöle sind Wintergrün, Neroli und drei Ölemischungen zur Stärkung der Konzentration, zum Stressabbau und zum Öffnen für Lebensfreude eines Herstellers, der hochwertige ätherische Öle in unvergleichlicher

Qualität anbietet. Wer mehr darüber wissen würde, kann mich gern anschreiben unter

Beratung.TG@web.de

Ich freue mich sehr über freundliche Nachrichten!

Humor …

Was wäre das Leben ohne Humor? Es wäre bieder, und das möchtest du nicht. Lachen ist Balsam für deine Gesundheit, und du alterst optisch langsamer. Du beugst vor, dass dein Gesicht eingefallen aussieht. Du kriegst höchstens Lachfalten, und die machen dich sympathisch.

Ein ausdrucksstarkes Lächeln macht dich attraktiver. Du ziehst damit ebenfalls positive Menschen an, kommst mit ihnen leichter ins Gespräch.

Versuche es: Was du ausstrahlst, kommt auf dich zurück.

Lerne ebenfalls, über dich selbst lachen zu können.

Du lebst und wirkst damit selbstbewusst: Du solltest *dir selbst bewusst* sein, das bedeutet, dass du genau weißt, was du kannst und was nicht. Spiele deine Stärken aus, lerne aber auch, deine Schwächen zu akzeptieren und verüble den Leuten nicht, wenn sie dich in Bezug darauf auch mal auf den Arm nehmen. Das ist menschlich.

Schraub dein Ego zurück und nimm dich selbst nicht zu ernst.

Vor allen Dingen: Nimm dich selbst nicht zu wichtig.

Auf diesen Punkt gehe ich später auch nochmal ein. Du bist den allermeisten Menschen relativ egal. Sobald du das erkannt hast, lösen sich mehr und mehr Blockaden in deinem Kopf – eine optimale Voraussetzung dafür, ein freies und glückliches Leben zu führen.

Streu dir selbst Konfetti in deinen Tag!

Schlaf …

Jeder kennt die Auswirkungen von Schlafmangel. Guter Schlaf ist die Basis für funktionierende Abläufe.

Ich persönlich bin ein Verfechter der Meinung, dass du viel schlafen solltest. Du hast zwar weniger Zeit, kannst diese aber gutgelaunt, ausgeruhter und somit sinnvoller nutzen.

Ein erholter Geist ist dein Antrieb für die Umsetzung deiner Bestimmungen und neuer Projekte.

Ob du einen normalen Schlafrhythmus hast oder wie Christiano Ronaldo mehrmals wenige Stunden schläfst, ist zweitranging, solange du auf einen gesunden Schlaf achtest.

Solltest du Schlafprobleme haben: Bevor du zum Arzt rennst, vergewissere dich, dass du eine Stunde vor dem Zubettgehen nicht mehr aufs Smartphone, deinen Laptop oder sonstiges Melatonin-blockendes Bildschirmlicht starrst – und wenn das doch mal passiert, wirkt ätherisches Zedernholz-Öl unterstützend auf die Zirbeldrüse, die wiederum für die Ausschüttung von Melatonin zuständig ist.

Es klingt wie ein Mantra, doch der Wichtigkeit halber wiederhole ich mich gern:

Versuche, gut und ausreichend zu schlafen.

Tolle ätherische Öle bei einem abendlichen Ritual, beispielsweise das Massieren deiner Fußsohlen oder der Nacken/Hals-Partie, sind

Baldrian, Lavendel, Kamille, Melisse, Neroli und Zedernholz.

Dankbarkeit ...

Sei dankbar!

Deine Chancen sind immens und nahezu unbegrenzt. Sei dankbar dafür, was dir mitgegeben wurde: ein Dach überm Kopf, Nahrung, sauberes Wasser, deine Sinne, Wärme, dein Augenlicht, Zeit.

Es sind Kostbarkeiten, die nicht selbstverständlich sind, und sie gehören DIR!

Höher, schneller, weiter: Das ist eine Denkweise, die dich massiv unter Druck setzt und dich anfällig macht für einen Burnout.

Befreie dich davon.

Löse dich von den Erwartungen Anderer. Nur du selbst steckst deine Grenzen – lass das niemals von außen durch die Maßregelungen anderer Menschen zu.

Kreiere einen Weg, der dich weg von Fremdbestimmung hin zu reiner Selbstbestimmung führt.

Entwickle Dankbarkeit für die Dinge, die du bereits besitzt.

Du bist Inhaber vieler Basics, um glücklich zu sein.

Bedanke dich zudem für die schönen, kleinen, alltäglichen Momente, die du wahrnimmst und die dir geschenkt werden.

Das kann ein gutes Gespräch sein, ein toller Song, Sonnenstrahlen, stimmungsvolles Licht in der Natur, erhebende Düfte, saubere Luft, eine Tasse von deinem Lieblingstee.

Bedenke: Die größten Kostbarkeiten sind kosten_los_.

Greif zu!

Think

pink!

Selbstbestimmung ...

Die einzige Meinung über dich, die zählt, ist deine eigene.

Nochmal:

Weg von Fremdbestimmung & hin zur Selbstbestimmung!

Gehe diesen Weg.

Er ist die Basis für deine eigens erschaffene Freude und der Grundstein für dein persönliches Glück.

Es gibt sicherlich viele Meinungen über dich, die zum Teil weit auseinandergehen oder kontrovers sind. Dennoch ist die einzige Meinung über dich, die wirklich zählt, deine eigene.

Niemand ist sieben Tage die Woche, 24 Stunden am Stück in deiner Gegenwart oder Gedankenwelt.

Ratschläge können wertvoll sein, Wertungen sind wert*los*.

Andere Meinungen über dich sind nicht wichtig, solange du von deinem Weg überzeugt bist.

Lasse deine Überzeugung nicht durch eine unwichtige fremde Ansicht bremsen.

Wenn du meinungsstark bist, wird das nicht jedem gefallen, und es wird gelästert werden. Zum großen Teil entstehen Lästereien negativer Menschen aus Neid, was wiederum ein Indikator dafür ist, dass du sehr viel richtig machst.

Negative Meinungen oder Wertungen von außen dürfen dich unter keinen Umständen runterziehen oder von deinen Entscheidungen, was das Beste für dich ist, abhalten.

Vertrauen ...

Wenn du eifersüchtig oder misstrauisch bist, hast du kaum Vertrauen in dich. Wenn du Selbstvertrauen hast, weißt du, was du geben kannst und kennst deine Vorteile/Vorzüge, die du Anderen entgegenbringst, sei es in einer Beziehung oder einer Freundschaft.

Wenn du dir darüber im Klaren bist, kannst du davon ausgehen, dass du nicht betrogen wirst – davon bin ich überzeugt.

Zudem weißt du, dass Ansichten, Emotionen und Lebenslagen vergänglich sind und somit auch die partnerschaftliche Liebe vergänglich sein kann.

Du weißt weiterhin, dass dein Misstrauen und deine vorhandene Unsicherheiten erkannt und ausgenutzt werden können.

Sei auch nicht misstrauisch oder zweifelnd bezüglich deiner eigenen Projekte.

Es nimmt dir einen Teil deines Selbstvertrauens, wenn du dich beispielsweise selbstständig machst, nach wenigen Monaten die gewünschten Erfolge ausbleiben und du es dann aufgibst.

Sei zäh.

Die Umsetzung deiner Ziele erfordert Zeit.

Ich selbst gebe nicht auf, auch wenn es dauert, weil ich aus dem tiefsten Inneren davon überzeugt bin, dass ich in den Punkten, auf denen mein Fokus liegt, einer der Besten bin.

Bleib am Ball, auch dann, wenn es Zeit beansprucht.

Geduld zahlt sich aus.

Zeit für dich!

Von der Kunst, alleine und mit sich selbst glücklich zu sein:

Essenziell ist auf dem Weg zum Glück ist es, dass du Zeit mit dir alleine verbringen kannst, ohne dich einsam zu fühlen.

Zu 100 % verlassen kannst du dich nur auf dich selbst.

Pflege Hobbies, die du alleine ausführen kannst.

Du bist unabhängiger, wenn du nicht ständig das Gefühl hast, dich auf unzuverlässige Mitmenschen verlassen zu müssen.

Sei mal ehrlich zu dir selbst: Wenn du Unternehmungen mit einer Großzahl an Menschen gleichzeitig machst, fühlst du dich dann nicht häufig wie das fünfte Rad am Wagen?

Weiterhin kannst du besser abschalten und hast mehr Ruhe in der Zeit, in der du alleine bist.

Sobald du es schaffst, dich dahingehend etwas abzugrenzen, und weniger Zeit mit deinen Mitmenschen verbringst, wertschätzen automatisch mehr Leute die gemeinsamen Momente mit dir.

Deine Zeit ist wertvoll.

Verschenke diese Kostbarkeit an Menschen, die dir positiv gesinnt sind. Das Ausmaß an Positivität, das sie dir entgegenbringen, lässt sich messen an der Art und Weise, wie sie dir Ermutigung und Anerkennung zeigen – und wie aufmerksam sie dir zuhören.

Der unabhängige Geist …

Ein unabhängiger Geist ist einer der wichtigsten Punkte zur Findung des eigenen Glücks.

Mach dich mental nicht abhängig –

von *niemandem*.

Du wirst enttäuscht werden, wenn du dich zu sehr auf Andere verlässt. Vermeintliche Rückschläge oder negative Vorkommnisse in deinem Umfeld nimmst du eher ohne Gegenwehr hin, wenn du in mentaler Abhängigkeit lebst.

Wenn du unabhängig bist, riskierst du mehr und verlässt dich mehr und mehr auf deine eigene Intuition: Hier bist du der Gewinner.

Sei dir dessen bewusst.

Diese Einstellung hilft dir beispielsweise auch beim Dating.

Ein Beispiel: Ich kann auf die Straße gehen, zehn Frauen ansprechen und zehn Körbe bekommen, ohne dass es an meinem Selbstbewusstsein kratzt. Ich weiß, dass es nicht mein Fehler ist, denn ich zweifle nicht an mir.

Weiterhin weiß ich, dass entweder das Timing schlecht war, weil sie vielleicht einen Freund hat oder ich nicht ihren Geschmack treffe.

Es gibt nicht den einen, universellen Geschmack. Es gibt Frauen, denen ich gefalle, und ich weiß, dass es Frauen gibt, denen ich nicht gefalle.

Die Hauptsache ist, dass ich mir selbst gefalle und mich in meiner Haut wohlfühle, und so solltest du auch denken, denn es wird dich unabhängiger machen.

Ich für meinen Teil binde mich auch beziehungstechnisch weder an eine Frau noch an Mitmenschen. Sie sind Wegbegleiter, und jederzeit kann ich sie loslassen, wenn sie den Kontakt zu mir abbrechen wollen oder ich dies möchte.

Die Gesellschaft anderer Menschen ist für mich manchmal anstrengend, manchmal schön, jedoch nie ein „Must-have", da man unzählig viele Dinge auch allein erleben kann – manche sogar *nur* allein.

Wenn du das verinnerlichst, machst du dein Glück nicht mehr von der Zu- oder Abwendung Anderer abhängig.

Erstrebe diesen Zustand, weil er mit einem unvergleichbar starken und unerschütterlichen Gefühl der Freiheit verbunden ist.

Diese Auffassung ist sicherlich kontrovers, aber ich bleibe mental unabhängig, und das ist für mich in jeglicher Hinsicht ein Gewinn.

Das bildet einen der absoluten Grundsteine für *dein* persönliches Glück.

Lege ihn noch heute.

Jetzt.

Leg das Buch zur Seite und pinne dir an deinen Spiegel:

*Ich **werde** mentale Unabhängigkeit erreichen.*

Krise als Chance ...

Resigniere nicht nach dem Tod eines geliebten Menschen.

Du darfst nicht aufstecken, wenn geliebte Menschen sterben.

Lass nicht zu, dass dein Leben dadurch an einer Stelle stehen bleibt und stagniert, denn es geht weiter.

Bleib nicht in der Dunkelheit stehen.

Deine Lieben möchten nicht, dass du um sie trauerst. Sie wünschen sich, dass du das Maximale aus deinem Leben schöpfst, deswegen enttäusche sie nicht.

Knüpfe auch in einer solch schwierigen Zeit neue Kontakte, insofern du kontaktfreudig bist.

Behalte von deinen Lieben die positiven Eigenschaften in Erinnerung und nimm diese mit für dein Leben, um zu reifen und zu wachsen.

Unterstützende ätherische Öle, um seelischen Schmerz zu verarbeiten und baldmöglichst loszulassen sind Neroli, Rose, Ylang Ylang und Sandelholz.

Aufbruchstimmung ...

Mache das, was gut für dich ist und breche aus der Matrix.

Du sollst dich auf deinem Weg zum Glück nicht mit einem öden Alltagstrott zufrieden geben.

Beende Routinen, die dir nicht guttun.

Deinen Job solltest du beispielsweise nur dann ausüben, wenn er zu dir passt.

Du übst ihn aus, nicht dein Partner, deine Familie oder deine Freunde. Deswegen muss er *für dich* passen.

Wenn dir dein Job nicht gefällt, beende ihn.

Gehe hierbei ins Risiko.

Sobald du wieder und wieder ab deinem Feierabend das Gefühl hast, dich morgen wieder auf die Arbeit quälen zu müssen: Beende sie.

Orientiere dich neu.

Ist das nicht ein verlockender Gedanke? Gehe auf das Glück zu.

Beziehungen, die dir nicht gut tun, beendest du am besten heute noch. Lieber gestern als morgen.

Sollte dein Leben langweilig sein, kremple es um und starte die Projekte, die dir gefallen und Freude bereiten.

Dein Dasein ist kurz und muss nicht aus Langeweile bestehen.

Was spricht dagegen – egal, ob es um deine Hobbies oder deine berufliche Situation geht – alle paar Jahre etwas Neues zu wagen und sich auf unbekanntes Terrain zu wagen?

Genieße Veränderungen, um zu wachsen und öffne dich für die Transformation hin zum Glück.

Erfolg …

Jeder Mensch definiert diesen Begriff unterschiedlich.

Lass dir nicht reinreden, wie du erfolgreich zu sein hast, denn nur du selbst formulierst deine eigene, persönliche Definition von Erfolg, und *nur du selbst* legst deine eigenen Ansprüche und Merkmale dafür fest.

Wenn du den Eindruck hast, in dem, was du tust, erfolgreich zu sein, wirst du merken, wie du dir dadurch dein eigenes Glück bescherst. Wenn du dich selbst als *nicht erfolgreich genug* einschätzt, mache ein Brainstorming dahingehend, sodass du das Ziel **und** – ganz wichtig, um nicht von sich selbst enttäuscht zu sein – <u>einzelne Etappenziele</u> festlegst.

Jeder wirklich erfolgreiche und in dieser Hinsicht glückliche Mensch weiß nicht nur, *warum* er erfolgreich ist, sondern auch, *wie* er schrittweise – eben mittels Etappenzielen, die in absehbarer Zeit für ihn zu erreichen waren – zu diesem Punkt gekommen ist.

Menschen, die sich ihrer Etappenziele und ihrem großen Hauptziel bewusst sind und diese in einem selbst festgelegten realistischen Zeitraum umsetzen wollen, verfügen über einen klaren Plan – und: Sie folgen ihrer Bestimmung.

Nochmal: Formuliere Etappenziele.

Schreibe sie auf.

Lies sie jeden Tag durch.

Lege Unterpunkte dafür fest.

Beschreibe erforderliche Handlungen, terminiere und takte diesen Plan durch.

Das Glück, das du empfinden wirst, sobald du eine Erledigung auf deiner Agenda durchstreichst oder gar einen Haken unter ein Etappenziel setzen kannst, ist erhebend.

Das wird dich nähren, und mit dieser Kraft steuerst du mehr und mehr auf dein Hauptziel zu.

Genieße den Flug dorthin – auch wenn zwischendurch Turbulenzen aufkommen.

Versuche, Anforderungen dabei nicht als Probleme zu sehen, sondern als Herausforderungen.

Tu dir selbst einen großen Gefallen und ersetze möglichst oft generell das negative Wort *Problem* mit der viel positiveren Bezeichnung *Herausforderung*.

Challenge accepted?

Dann flieg los!

Numbers Game ...

Die Filmfigur Jordan Belfort inspirierte mich bezüglich des Begriffs. Mr. Belfort ist

Unternehmer und als *Wolf of Wallstreet* bekannt.

Er sagte: „Klopfe an so viele Türen wie möglich, wenn du erfolgreich sein möchtest".

Damit hat er recht!

Du solltest, wenn du einen Plan verfolgst, bei möglichst vielen Anlaufstellen anklopfen.

Es wird sich eine Tür öffnen, wenn du Geduld, Biss und Ehrgeiz hast. Häufig ist dein Timing entscheidend, ob neue Kontakte zustande kommen oder nicht.

Zweifle nicht an dir oder deinen Konzepten.

Es spielen im privaten Umfeld und auch im Business auch andere Faktoren eine Rolle. Das Gute ist, dass du volles Risiko gehen kannst, da du nichts zu verlieren hast.

Du bist Menschen, die nicht mit dir kooperieren wollen, sowieso egal. Also kann es dir wiederum egal sein, wenn du überhaupt nicht deren Geschmack triffst, da sie sich bei

Desinteresse ohnehin nicht mit dir beschäftigen und keine seriöse Meinung zu dir haben *können*.

Sofern du dein Ziel fundiert geplant und deine Etappenziele formuliert hast, lasse dich von Zweiflern oder Neidern nicht von deinem Weg abbringen.

Selbstvertrauen ...

Wenn du selbst nicht an dich glaubst, wer soll es dann tun?

Du kannst dein Selbstvertrauen nicht im Außen suchen oder holen. Es muss von Grund auf bei *dir* da sein und aus tiefer Überzeugung resultieren.

Wenn du an dich glaubst und das auch ausstrahlst, tun es andere Menschen automatisch mehr – du wirst sie regelrecht damit anstecken. Selbstbewusst sein bedeutet, *dir selbst bewusst zu sein*: Du weißt, was du kannst und was du nicht kannst.

Akzeptiere deine Schwächen, erkenne deine Stärken, fördere sie, profitiere von ihnen und genieße dein Wachstum.

Glaube an dich selbst und an das, was du bewegen und/oder verändern kannst.

Sei selbstbewusst: Sei *dir selbst bewusst*.

Ich wünsche dir viel Freude und Neugierde dabei, neue Seiten an dir selbst zu entdecken.

Selbsteinschätzung ...

Niemand kennt dich so gut wie du selbst!

Nur du selbst bist 24 Stunden am Tag und sieben Tage die Woche mit dir beschäftigt.

Daher sind Wertungen deiner Mitmenschen meist vollkommen wert*los*.

Lass dir nicht in Entscheidungen reinquatschen, die du bereits getroffen hast.

Nur du selbst weißt, was das Beste für dich ist. Deine Meinung über dich selbst ist die seriöseste, die es gibt. Schaue also, dass du rundum zufrieden mit dir und deinem eigenen Bild bist.

Die seriöseste Meinung von dir selbst sollte eine positive sein.

Fokussiere dich auf deine Stärken.

Schreib auf, was du kannst, was du erreichen willst, was dich begeistert, was du hinterlassen möchtest, für was du brennst, was du mit anderen Menschen teilen möchtest.

Du wirst überrascht sein, welche Gaben und Fähigkeiten du bereits jetzt besitzt.

Streue somit deine positive Macht in die Welt.

Ob ein Einzelner Weltfrieden oder eine bessere Welt erreichen kann, ist fraglich. Doch zweifellos trägt jeder, der seine positiven Stärken teilen möchte, dazu bei. Im übertragenen Sinne trifft hier ein Spruch aus dem Talmud zu:

Wenn du ein einziges Leben rettest,

rettest du die ganze Welt.

Rette dich selbst.

Niemand kann im Alleingang die Welt retten. Aber fast.

Reichsein ...

Nicht jeder, dessen Kontostand üppig ist, fühlt sich reich. Zum Reichsein gehört ein gesunder Geist. Viel Geld und/oder materielle Güter sind kein Garant für Glück – viele Millionäre führen ein unglückliches Leben.

Materieller Reichtum ist vergänglich.

Wenn du dazu im Stande bist, erforderliche Erledigungen selbst abzuarbeiten und kein Sucht-Typ bist, wirst du wahrscheinlich nie so derartig arm sein, dass du unter der Brücke landest.

Wahrer Reichtum umfasst neben guter Gesundheit einen wachen und interessierten Geist, einen funktionierenden Körper, dein Streben nach Freude und Glück, deine Hobbies – und zu all dem das Wissen, welche Bestimmung du hast.

Führe deine Bestimmung aus und schlage idealerweise Profit daraus.

Risiko ...

Warum du beim Riskieren mehr Gewinn als Verlust machst:

Wenn du etwas riskierst, sei es im Job, beim Dating oder in der Selbstständigkeit, sind die Chancen auf Erfolg höher, als du annimmst.

Glaube mir, riskiere häufig und du wirst mir zustimmen.

Der Spruch „Wer nicht wagt, der nicht gewinnt" stimmt vollkommen, da du etwas wagen musst, wenn du erfolgreich sein möchtest.

Nimm dich selbst und deine Mitmenschen nicht zu wichtig.

Wenn du einschätzen kannst, dass du nicht viel zu verlieren hast, da Vieles unwichtiger ist als du denkst, bist du auf dem richtigen Weg.

Sobald du bemerkst, dass du dich selbst ausbremst, hinterfrage, ob deine Zweifel berechtigt sind.

Ein Werkzeug hierfür ist das „Entkatastrophisieren".

Um deine Gedanken einzuschätzen und zu ordnen, schreib auf, welche Entscheidung ansteht und formuliere die Hürden, die du bewältigen möchtest.

Zweifel oder gar Ängste schrumpfen oft, sobald man sie zu Papier gebracht hat. Grübeleien lassen sich minimieren, wenn du sie schriftlich festhältst und Herangehensweisen erarbeitest, um Lösungsmöglichkeiten zu erzielen.

Frage dich: Was kann schiefgehen?

Du wirst merken, dass ein Rückschlag oder gar eine von dir befürchtete Katastrophe durch deine Niederschrift in eine Hürde oder im besten Fall zu einer Herausforderung wird, der du dich gestärkt stellen kannst.

Sei risikofreudig!

Probiere ein „Mut-Spray" aus:

Hierzu befüllst du ein Glasfläschchen mit Sprühaufsatz mit Quellwasser ohne

Kohlensäure und träufelst die ätherischen Öle Kampfer, Fichte, Weihrauch und Geranie hinein.

Wann immer du einen Ansporn brauchst, besprühe dich von oben, sodass der Nebel wie feiner Regen auf dich hinabrieselt.

Wer ein solches Spray nicht selbst mischen möchte, kann mich sehr gerne anschreiben, ich mische für euch mit Freude einen solchen Kraftbringer – gern werde ich zum Nebel- und Regenmacher! ☺

Lebensuhr ...

Dein Leben wird minütlich kürzer – mache etwas daraus!

Mach das, was du aus deinem Leben machen möchtest und zögere nicht!

Vergeude nicht deine wertvolle Zeit damit, dir negative Gedanken zu machen. Füttere nicht selbst deine Zweifel.

Sobald eine neidische Person oder jemand, der nicht so mutig ist wie du, Zweifel an einem deiner Vorhaben hegt, nimm Abstand.

Du verpasst Chancen und stagnierst, wenn du dich einschränkst oder eine Idee „zerdenkst".

Versuche, in die Umsetzung zu gehen – viele Projekte leben vom Entstehungsprozess.

Für jedes Scheitern, für jedes Sein-Lassen, für jedes Nicht-Tun gibt es eine Ausrede.

Hör auf, nach Ausreden zu suchen – suche stattdessen nach Lösungen.

Machen ist wie *wollen*, nur krasser.

Außerdem verschenkst du Potenzial, wenn du dir etwas halbgar vornimmst und du von vornherein weißt, dass du es nicht durchziehen wirst. Du musst es ausprobieren, wenn dir danach ist.

Limitiere dich und deinen Geist hierbei nicht.

Setze dir keine Grenzen, wie hoch dein Projekt oder Vorhaben wachsen soll.

Wenn du dich dahingehend einschränkst, wirst du nicht über diesen Punkt hinauskommen.

Denke lieber eine Nummer zu groß als eine Nummer zu klein.

Affirmationen

&

Leitsätze

Argumentiere wenig – und *handle* konsequent.

Investiere deine Energie intelligent und dosiert – verschleudere sie nicht.

Dazu gehört, dass du unnötigen Diskussionen aus dem Weg gehst. Damit ist gemeint, dass du dich auf gar keinen Fall kleinlaut unterwerfen sollst.

Gehe erst gar nicht auf Diskussionen ein, schon gar nicht mit rechthaberischen Menschen oder solchen, die keinen Anstand haben oder für die Respektlosigkeiten zum „normalen" Umgangston gehören.

Eine Diskussion mit solchen Zeitgenossen bringt in den seltensten Fällen Ertrag.

Ich bin der Überzeugung, dass eine Veränderung bei jedem Menschen *von sich aus* erfolgen muss. Da hilft kein Belehren und Maßregeln von außenstehenden Personen.

Ich empfehle, dass du das nächste Mal, wenn du andiskutiert wirst, deinem Gegenüber für einige Sekunden in die Augen schaust – und dann einfach weggehst.

Mach es wie Ray Liotta als *Henry Hill* in *Goodfellas* bei seiner Schwiegermutter:

Lass den Motzer / Zweifler / Rechthaber stehen.

Mit solch einer Reaktion rechnet niemand, und du hast deine Ruhe und beweist nicht nur anderen Personen, sondern auch dir selbst Kraft, Stolz und Würde.

Sobald du auf destruktive Diskussionen eingehst, bist du in einer verteidigenden Position.

Das verschafft dir keinen Respekt. Handle hierbei konsequent und bleibe es auch.

Sobald du es schaffst, diese Stärke zu zeigen, werden die Leute in deinem Umfeld merken, dass sie mit ihrer negativen Energie bei dir an der falschen Adresse sind.

Folge keinem Herdentrieb.

Sei individuell!

Folge nicht jedem Trend.

Der Mainstreambrei ist voller Langeweile und Anpassungszwang.

Traue dich, eigene Wege zu gehen, die von außen betrachtet auch schon mal als unorthodox wahrgenommen werden.

Die Entwicklung der Gesellschaft in Bezug auf gesteuerte Meinungsmache ist ohnehin schon besorgniserregend und vielgenutzt, also mache da nicht auch noch mit.

Ich persönlich bin zwar nicht derjenige, der rumdiskutiert; aber mach im Zweifel deinen Mund auf, wenn du etwas zu sagen hast.

Hab Mut zu eigenen Ansichten und Überzeugungen.

Vertrete deine Meinung.

Sei meinungsstark!

In unserer Gesellschaft gibt es genügend Speichellecker, die zu allem Ja und Amen sagen, um nicht anzuecken.

Du wirkst überzeugender, wenn du in einem bestimmten, präsenten Tonfall deine Meinung repräsentierst.

Im Job beziehungsweise deiner beruflichen Laufbahn bringt dich eine klare Haltung leichter in höhere Positionen. Dort ist Fingerspitzengefühl gefragt. Wenn du den Eindruck hast, dass ein Unternehmen zu wenig Führungskraft besitzt, kannst du mit klarer Argumentation leichter die Rolle des Leaders übernehmen.

Äußere deine Wahrheit ruhig und bedacht.

Den Lauten überhört man eher.

Auch hier bildet die Balance einen entscheidenden Punkt, denn es kann nicht jeder ein „Alpha" sein, da dies genauso zu Konfliktsituationen führen kann wie ein Mangel an Individualität.

Leiden ist relativ.

Die meisten Probleme, die in der westlichen Welt vorzufinden sind, sind meiner Überzeugung nach keine *essenziellen* Probleme, eher Wehwehchen, oder positiv formuliert: Herausforderungen. Es gibt Millionen Menschen auf der Welt, denen es schlechter geht als dir.

Wisse und verinnerliche: Es hätte schlimmer kommen können.

An dieser Stelle füge ich einen Songtext von *Living Colour* ein:

In another life you might have been a genius
in another life you might have been a star
in another life your face might have been perfect
in this other life you'd drive a better car.

In another life all your jokes are funny
in another life your heart is free from fear
in another life you make a lot of money
in this other life everything is clear, but:

This is the life you have, THIS is the life.

In another life you're always the hero
in another life you always win the game

in another life no one have ever cheat you
in another life you never have to change.

In another life your friends never desert you
in another life you never have to cry
in another life no one ever hurts you
in another life your loved-ones never die, but:

This is the life you have, THIS is the life.

In another life you're always the victim
in another life you're always the thief
in another life you're always lonely
in this other live there's no relief.

In your real life: treat it like it's special!
In your real life try to be more kind

In your real life think of those that love you
In this real life try to be less blind!

This is the life you have, THIS is the life you
have, this … is … *the* … life you have,
this is the *life* you *HAVE*!

**Die Kurzfassung
der deutschen Übersetzung lautet:**

In einem anderen Leben wärst du vielleicht ein Genie oder ein Star, dein Gesicht wäre vielleicht perfekt oder du würdest ein besseres Auto fahren.

In einem anderen Leben sind all deine Witze witzig, dein Herz ist ohne Furcht, du verdienst viel Geld, und alles ist klar.

Aber: *Das* hier ist das Leben, das du hast.

Das hier ist *das Leben*.

In einem anderen Leben bist du immer der Held, gewinnst jedes Spiel, niemand hat dich je betrogen, und du musst nichts verändern.

In einem anderen Leben verlassen dich niemals deine Freunde, du musst nie weinen, niemals verletzt dich jemand, und deine Lieben sterben nie.

Aber: *Das* hier ist das Leben, das du hast.

Das hier ist *das Leben*.

In einem anderen Leben bist immer *du* das Opfer, stets der Dieb, bist immer einsam, und es gibt keine Erlösung.

Versuche, dein wahres Leben als etwas Besonderes zu sehen.

In deinem wahren Leben, versuche, freundlicher zu sein.

In deinem wahren Leben, denke an die, die dich lieben.

In deinem *wahren* Leben, versuche, *weniger blind* zu sein.

Das hier ist *das* Leben, das du hast.

Das ist das Leben, das du *hast*,

das, ja genau *das* hier – das ist *dein* Leben!

Niemand ist für dein Glück verantwortlich. Nur *du selbst.*

Mache andere Leute nicht dafür verantwortlich, wenn es dir schlecht geht.

Nimm dein Glück selbst in die Hand.

Trage selbst die Verantwortung dafür.

Es liegt an dir, wie du mit bestimmten Situationen umgehst, und jeder ist seines eigenen Glückes Schmied. Niemand anderer ist dafür zuständig – nur du selbst.

Es ist einzig und alleine *deine* Aufgabe, dein Glück zu manifestieren.

Vor allen Dingen die Fehlinterpretation von Partnerschaften ist weit verbreitet, ob in Beziehungen oder in Freundschaften.

Wenn du beispielsweise einem Kumpel näherstehst als er dir, dann ist es nicht sein Versagen oder Fehler.

Sei dir darüber im Klaren, dass du ihm gegenüber eine Erwartungshaltung hast, wenn du dir eine engere Verbindung erhoffst.

Es ist nicht seine Aufgabe, das, was du gibst, zu erwidern.

Versuche, nicht zu viel in zwischenmenschliche Begegnungen hinein zu interpretieren.

Ähnlich ist es, wenn du „gefriendzoned" wirst.

Es liegt an dir, dass so etwas gar nicht erst aufkommt, indem du sofort deine Beabsichtigungen oder Wünsche klarstellst. Sollte die Wahrheit zu einem späteren

Zeitpunkt gewollt oder ungewollt rauskommen, ist dein Gegenüber nicht dazu verpflichtet, es dir recht zu machen, und ebenso ist es nicht sein Fehler, wenn das Aufkommen auf dem Boden der Tatsachen dann hart für dich wird.

Nimm dein Glück selbst in die Hand.

Erwarte nichts – genieße vielmehr das, was dir von Anderen ohne dein Einfordern *geschenkt* wird.

Akzeptiere deine Schwächen.

Fördere deine Stärken und akzeptiere deine Schwächen.

Du solltest verinnerlichen, dass niemand perfekt sein kann.

Verstecke nicht deine Schwächen, verheimliche sie nicht und schäme dich nicht für sie.

Du kannst nicht alles gleich gut tun und/oder wissen.

Sei dir darüber *selbst bewusst*.

Schaue nur auf dich, ohne dich mit anderen Menschen zu vergleichen, und lerne, mit deinen Makeln, die anderen Menschen vielleicht gar nicht so sehr auffallen, umzugehen.

Akzeptiere und stehe auch zu deinen optischen Besonderheiten und Auffälligkeiten.

Führe dir auch hier vor Augen, dass es nicht den ultimativen, universellen Geschmack gibt.

Es gibt Leute, die dich attraktiv finden, und es wird immer Leute geben, die dich weniger attraktiv finden.

Solange du das Maximum aus dir herausholst und auf dich achtest, ist dir nichts vorzuwerfen.

Lächle nicht, um Andere glücklich zu machen.

Antworte ehrlich, wenn du *die* Small-Talk Frage schlechthin bekommst, wie es dir geht.

Eine aufgesetzte Freundlichkeit schadet dir, und ebenso wenig solltest du lächeln, wenn dir nicht danach zumute ist.

Ob das Lächeln aufgesetzt ist oder nicht, erkennt man daran, ob die Augen „mitlächeln" oder nicht.

Ich versuche, dir bei dieser Lektüre ein Stückweit zur Authentizität zu verhelfen. Es ist absolut *nicht* authentisch, wenn du dein Empfinden kaschierst.

Hierbei bewegst du dich möglicherweise auf einem schmalen Grat.

Auf der einen Seite sollst du deine Gedanken und Empfinden nicht verstecken und offen damit umgehen, andererseits jedoch ist Überemotionalität fehl am Platz, da du immer einen kühlen Kopf und deinen Verstand bewahren solltest, um Entscheidungen mit deinem vollen Bewusstsein treffen zu können.

Du bist nicht wichtig.

Das ist eine harte, aber befreiende Erkenntnis!

Genieße die Befreiung, die sich dir beim Verinnerlichen dieses Punktes erschließt.

Du bist niemandem so wichtig wie dir selbst. Das bedeutet, dass du dir keine Gedanken darüber zu machen brauchst, wie du bei Anderen ankommst, denn es ist e g a l.

Höre auf anzunehmen, dass Andere ein schlechtes Bild über dich haben, denn Fakt ist, dass Außenstehende in den meisten Fällen *überhaupt kein Bild* von dir haben.

Dieses Korsett kannst du ablegen – am besten noch heute.

Menschen, denen du begegnest, liegen nicht nachts im Bett und machen sich Gedanken darüber, wie du warst oder bist oder vorgibst, zu sein – oder wie sehr sie dich leiden oder eben *nicht* leiden können. Sie machen sich schlichtweg keinen Kopf um dich.

Erkenne deinen Stellenwert.

Ebenfalls muss niemand dein Leid teilen. Es ist nicht die Aufgabe von anderen Menschen, sich über deine Probleme den Kopf zu zerbrechen.

Ich für meinen Teil akzeptiere beispielsweise, wenn in meinem Umfeld jemand negative Phasen durchlebt. Allerdings möchte ich mich in diesen Zeiträumen dann abgrenzen, weil ich kein Interesse daran habe, dass diese Leute mich mit ihrer Denk- und Verhaltensweise an solchen Tagen runterziehen.

Versuche, auf dich zu schauen und deine alltäglichen Herausforderungen eigenständig zu meistern.

Konzentriere dich auf die alltäglichen, schönen Ereignisse.

Bei allen großen Plänen, die du hast, solltest du nicht vergessen, die kleinen, schönen Momente wertzuschätzen.

Koste sie aus.

Für dein Seelenwohl sind sie von essenzieller Bedeutung.

Rufe dir ins Gewissen, dass du nicht *mehr* brauchst, um glücklich zu sein.

Wie wäre das, wenn du deine Perspektive dahingehend änderst, dass du weißt, alles, was kostbar und erstrebenswert ist, längst zu besitzen?

Nochmal, und ich wiederhole mich gern:

Die größten Kostbarkeiten sind meistens kosten*los*.

Ich empfehle, dir bewusst auch mal unspektakuläre Unternehmungen vorzunehmen und dann jeden kleinen, schönen Augenblick in Form von Notizen festzuhalten.

Du erlebst tagtäglich mehrere magische Momente, die nach kurzer Zeit vielleicht wieder verblassen oder ganz in Vergessenheit geraten.

Lass das nicht zu.

Bewahre sie auf und schreib sie nieder – es lohnt sich!

Lass sie los, aber erhalte sie am Leben.

Achte auf dich selbst ohne Anderen zu schaden.

Mein „heiliger Gral" ist, dass es mir gut geht, ich zurechtkomme und ich für mein Wohlergehen etwas tue, ohne dass andere Menschen davon benachteiligt werden oder Schaden nehmen.

Gegen eine gesunde Portion Egoismus, der nicht in Arroganz ausartet, ist meines Erachtens nichts einzuwenden.

Du kommst für dich an „Position Eins", aber vernachlässige deine Mitmenschen nicht und respektiere sie.

Dich muss nicht jeder mögen, sei allerdings auch kein Soziopath, den niemand leiden möchte.

Andere Länder, andere Sitten ...

Geld macht nicht glücklich!

Das beste Beispiel dafür findet man in anderen Kulturen, in anderen Ländern, auf anderen Kontinenten. Dort machen viele Menschen einen zufriedeneren Eindruck als bei uns. Sei es Südamerika, Afrika, Brasilien oder der Senegal: Im Durchschnitt besitzen die Menschen dort deutlich weniger. Das zeigt auf, wie nichtssagend westliche Standards oft sind.

Um es mit Brad Pitts Figur Tyler Durden in „Fight Club" auszudrücken:

Wir kaufen Dinge, die wir nicht brauchen, von Geld, welches wir nicht besitzen, um Leuten zu gefallen, die wir nicht mögen.

Orientiere dich beim Glück an anderen Kulturen, sprich mit Menschen, die unter diesen Umständen aufgewachsen sind oder in solchen Ländern gelebt haben, reise bestenfalls an genannte Orte und überzeuge dich selbst!

Plane.

Plane.

Plane.

Nochmal: Plane!

Lass mental mehr und mehr *das* los, was dich beengt oder dich unter Druck setzt, gerade bei Terminen.

Damit dies gelingt, besorge dir einen Terminplaner, nutze und überprüfe ihn täglich.

So hast du eine viel bessere Übersicht über deine Meetings und das, was an Erledigungen ansteht.

Auch deine Freizeit kannst du mit dem konsequenten Gebrauch eines Terminkalenders effektiver takten. Das mag zunächst unspontan klingen, doch wenn zwischen den einzelnen Punkten ausreichend „Puffer" besteht, ist hier Raum für kurzfristige und spontane Unternehmungen, Telefonate, Kurztermine, Spaziergänge und mehr.

Nutze deinen Planer ebenfalls, um persönliche Etappenziele übersichtlich und strukturiert zu gestalten.

Nochmal:

Etappenziele sind bei einem größeren Vorhaben sehr wichtig, nahezu unerlässlich, um nicht kurz nach dem Start eines Projekts enttäuscht von sich selbst zu sein, weil der Weg bis hin zum Ziel anders eingeschätzt wurde.

Bei jedem Gelingen und Erreichen eines Etappenziels kannst du es durchstreichen oder einen Haken darunter setzen.

Das ist ein absolut grandioser Moment und wirkt enorm erhebend und ermutigend für alle weiteren Schritte.

Sobald du einen Unterpunkt bearbeitet hast und Stück für Stück weitere Etappenziele erreichst, erlebst du eine Motivation, die du selbst geschaffen hast.

So bleibst du am Ball – und dein Ziel rückt näher und näher.

Es gilt: Du kannst alles erreichen, was du möchtest, wenn du bissig bist und an dich glaubst.

Sky ist the Limit!

Sortiere Negatives aus deinem Leben.

Grenze dich emotional ab und verbanne streng und radikal Negatives aus deinem Leben.

Im Privatleben musst du dich von Menschen loseisen, die dir nicht guttun.

Setze ein Schlussstrich – ohne große

Begründung.

Diese Leute machen dein Leben schwerer, belasten es mit Tragik und haben auch keine Begründung verdient.

Entferne dich von ihnen, ignoriere sie und gib ihnen auch keine weitere Chance.

Das kostet Zeit und Nerven, und wenn du aufrichtig und fokussiert an deinem persönlichen Glück arbeiten möchtest, solltest du diese Zeit und Kraft in dich selbst investieren.

Du bist mental ungebunden, wenn du niemandem gegenüber verpflichtet bist.

Das ist eine Form der Freiheit, die du dir selbst erschaffst, wenn du strikt jeden meidest, der dich runterzieht, neidisch ist, permanent nur von sich selbst spricht und es letzten Endes nicht einmal gut mit dir meint.

Dein Umfeld wird das bemerken, und auch hier kannst du nur gewinnen.

Lass nicht zu, dass man dich in irgendeiner Art und Weise als Spielball benutzt.

Man muss sich vorher überlegen, ob man es sich mit dir verscherzt oder nicht.

Das Gleiche gilt für deinen Arbeitsplatz. Du arbeitest dein halbes Leben lang oder noch länger, also sollte deine Beschäftigung zumindest mal keine Tortur für dich sein.

Wenn das der Fall ist, wechsle deinen Arbeitsplatz.

Ansonsten läufst du Gefahr, dass sich eine Tragik in dein Leben schleicht, die dich schwächt und von deinem Weg zum Glück abbringt.

Zu viel Fastfood ist ebenfalls ein Stimmungskiller, also achte auch darauf, dass du deinem Körper nicht permanent schlechte Nahrung, Giftstoffe oder gar Drogen zuführst. Ansonsten kommst du logischerweise schlecht drauf, das liegt auf der Hand.

Trenne dich ebenfalls endlich von schlechten Angewohnheiten, die du hast, und von denen du weißt, dass sie dir und deinem Glück schaden.

Hier ist es ebenfalls sinnvoll, die Punkte aufzuschreiben, die du ändern möchtest.

Wenn es ein größeres Thema ist, lohnt sich ein separates Notizbuch dafür.

Formuliere auf Seite 1 dein großes Ziel als dicke Überschrift.

Nun schreib auf, ohne groß nachzudenken, lass einfach alles raus und bringe zu Papier, was dir dazu einfällt.

Dann überlege dir Etappenziele, schreib sie auf und geh sie strukturiert durch.

Schreibe auf, wen du wann dazu kontaktieren möchtest, was du dafür besorgen musst, wie du am besten vorgehst.

Du wirst überrascht sein, wie strukturiert du die Veränderung einer schlechten Angewohnheit angehen kannst.

Lass Negatives los – dann ist Platz für schönere Themen in deinem Leben!

Suche im Außen nicht nach Bestätigung.

Eine Herausforderung, an der viele Menschen scheitern, ist, Glück in *seinem* Sein zu finden!

Glück in und durch sich selbst zu spüren – ohne dabei in Abhängigkeit zu anderen Menschen oder äußeren Umständen zu gehen – nur *das* ist meiner Ansicht nach wahres Glück.

Fast jeder Mensch sucht das Glück und Bestätigung im Außen – sei es bei oder durch den Partner, durch Freunde, Bekannte oder mit permanentem Konsum irgendwelcher Güter, die schnell an Attraktivität verlieren, sobald sie erworben wurden. Dieser Ansatz kann nicht glücklich machen.

Kein Mensch der Welt hat die Aufgabe, dich zu beglücken, zu trösten, zu bereichern, zu retten, zu komplettieren, zu nähren.

Weiter noch: Kein anderer Mensch *wird* dich glücklich machen! Das ist einzig und allein *deine* Aufgabe.

Möglicherweise einer der Hauptgründe, warum Beziehungen scheitern, ist, wenn du plötzlich deine Hobbies, deine Freunde und eigentlich auch dein komplettes Leben für eine Beziehung aufgibst.

Ein Partner, dem du wichtig bist, möchte das nicht, außer, er ist ein Narzisst.

Es ist anstrengend für dich und dein Gegenüber, wenn du permanent förmlich nach Aufmerksamkeit bettelst.

Suche im Außen nicht nach Erfüllung.

Niemand wird dich erfüllen oder komplettieren können.

Menschen kommen, Menschen gehen.

Schätze das realistisch ein und bleib dir selbst treu.

Deine Bestimmung beziehungsweise das Ausführen deiner Berufung erfüllt dich.

Suche diese Erfüllung *in dir selbst* und **nicht, wirklich niemals, <u>niemals</u>** (!), im Außen.

Bitte erkenne das.

Ansonsten läufst du Gefahr, in Abhängigkeit mit Menschen zu gehen, auf die im Ernstfall vielleicht nicht einmal Verlass ist.

Genauso verhält es sich mit materiellem Besitz.

Kein Auto, kein Designerkleidungsstück, keine teure Uhr, kein nobles Haus, kein einziges

Statussymbol dieser Welt wird dir wahre Erfüllung bringen.

Die wirklich glückbringenden Momente sind kostenlos.

Finde heraus, was dich zutiefst mit Freude erfüllt, und beschenke dich damit selbst, sooft es nur geht.

Erfülle nur deine eigenen Erwartungen.

Ausschließlich deine Erwartungen an dich selbst sind wichtig und dürfen dich tangieren.

In Zeiten von Social Media wird dir häufig suggeriert, welcher Lebensstil für dich richtig zu sein hat.

Ignoriere das und höre hierbei nur auf dich und deine innere Stimme.

Auch deine Freunde oder deine Familie geben dir sicherlich häufig gute Ratschläge;

Entscheidungen abnehmen sollten sie dir aber nicht.

Du weißt, wo du hinmöchtest und was du zu tun hast, um deine Ziele zu erreichen.

Grenze dich ab von den Erwartungen anderer.

Unterstützend hierbei zu mentaler Stärkung und mehr Resilienz können hierbei die ätherische Baum-Öle wirken wie beispielsweise Fichte, Zypresse, Tanne oder auch aus Baumharz mittels Destillation gewonnene Öle wie Weihrauch, Elemi, Zeder, Sandelholz, Copaiba oder Myrrhe.

Die Aufnahme durch Inhalation über das limbische System ist durch unzählige Studien belegt: Moleküle der Bestandteile von ätherischen Ölen besitzen botenstoffähnliche Eigenschaften, die unsere Stimmung effektiv beeinflussen.

Wer dies nicht glaubt, kann gern eine Orange oder Mandarine schälen, die Frucht dabei vor eine Lichtquelle halten und beobachten, was passiert, nämlich das hier:

Die feinen austretenden Spritzer beim Entfernen der Schale sind kein Fruchtsaft, sondern das fein herausnebelnde ätherische Öl.

Beim Einatmen dieser feinen Tröpfchen wird jeder, der sich für die Kraft von ätherischen Ölen öffnet, die positive Wirkung sofort wahrnehmen.

Meine persönliche Glücks-Ölemischung, die mir immer wieder ein Lächeln ins Gesicht zaubert, ist der Mix aus folgenden ätherischen Ölen: Orange, Jasmin, Koriander, Rose, Bergamotte.

Zur Konzentration oder vor mental anspruchsvollen Aufgaben gebe ich einen Tropfen von meiner „Energiemischung" auf die Handinnenfläche, bilde ein Zelt über der Nase und inhaliere direkt. Diese Mischung enthält Melisse, Zitrone, Pfefferminze, Strohblume, Rosmarin und Wacholder.

Höre bei Ratschlägen zu – und bei Wertungen weg.

Jedes Mal, wenn Menschen dich verurteilen oder Wertungen über dich abgeben, ist es im Grunde wert*los*.

Nur du kennst dich zu 100 Prozent, da nur du selbst rund um die Uhr mit dir zu tun hast. Du hast es nicht nötig, dir Maßregelungen anhören zu müssen.

Frage dich, ob dein Gegenüber es gut mit dir meint.

Falls ja, nimmst du Ratschläge dankend an, denn häufig kannst du Standpunkte aus anderen Blickwinkeln wahrnehmen und ermöglichst dir selbst damit neue Perspektiven.

Dann wird dir bewusst, dass du auch mal falsch liegst oder wichtige Punkte nicht beachtet und bedacht hast. Trotzdem gilt auch hier: Alles, was passiert, kann einen tieferen Sinn haben.

Nimm es, wie es kommt, doch verharre nicht und schon gar nicht solltest du resignieren.

Versuche, zu reflektieren, ob du dazu in der Lage bist, dein Ego hinten anzustellen und die Dinge aus der Vogelperspektive zu betrachten.

Übe dich in Objektivität, auch wenn und *gerade* dann, wenn es um dich selbst geht.

Wenn du das schaffst, gehst du einigen unnötigen, kräftezehrenden Konfliktsituationen aus dem Weg.

Erkenne und fördere deine Talente.

Du verfügst über mehrere Talente – sei dir darüber immer im Klaren.

Falls du noch nicht herausgefunden hast, welche es sind, ist es wichtig, dass du dir deine Zeit nimmst, zu erkennen, was du besonders gut oder sogar herausragend besser kannst als Andere – und wie du deine Fähigkeiten einsetzen kannst, im optimalen Fall sogar ertragsbringend.

Stell dir die Frage, was du hinterlassen möchtest.

Was soll bleiben, wenn du irgendwann gehst?

An was sollen sich die Menschen idealerweise noch nach deinem Tod erinnern, oder was sollen sie nutzen?

Was möchtest du ihnen mit auf den Weg geben, welche deiner Erfahrungen und welche Erkenntnis willst du teilen, weil du der Ansicht bist, sie könnte einigen Menschen als wertvolles Werkzeug dienen?

Grandios und für dich ganz erfreulich ist es natürlich, wenn du damit deine Leidenschaft entdeckst und ein Hobby pflegst.

Mehr noch, und jetzt halte dich fest, denn nun lehne ich mich weit aus dem Fenster, doch es ist ein Satz, der aus meiner tiefen Überzeugung kommt, der mir auf der Seele brennt und der in absoluter Dringlichkeit und in seiner ganzen Schönheit seinen Platz in diesem Buch haben soll (er stammt von einem lieben Freund, der 2017 leider viel zu früh verstorben ist):

Sobald du dein Hobby zum Beruf machst, musst du nie wieder arbeiten.

Falls du es noch nicht getan hast, finde heraus, was du gern tust – und: Lebe es aus!

Dein Leben gehört *DIR* ganz alleine und **niemandem** sonst.

Überlege dir, mit welchen Themen du dich gern befasst, was dir leicht von der Hand geht ohne kräftezehrende Anstrengung, was dich inspiriert, erfreut, fasziniert, catcht, in was du gern Zeit und Kraft investierst – Kraft, die du im Optimalfall in gesteigerter Form zurückbekommst, weil dich das Thema und die Tätigkeiten weder langweilen noch schwächen, sondern uneingeschränkt absolut begeistern.

Daher nochmal:

Wenn du es schaffst, dein Hobby zum Beruf zu machen, wird dir deine Arbeit Freude bereiten.

Somit gilt, und ich wiederhole mich hier gern:

Sobald du dein Hobby zum Beruf machst, musst du nie wieder arbeiten!

Geradestehen für eigene Entscheidungen.

Eine klare Haltung zu haben, bedeutet auch, dass man aneckt.

Das ist in Ordnung. Du solltest meinungsstark sein und kein Speichellecker, von denen es in unserer Gesellschaft schon mehr als genug gibt.

Dennoch solltest du genauso klar sein, wenn es um das Eingestehen der eigenen Fehler geht. Wenn du selbstbewusst bist, wird es dir nicht allzu schwer fallen, Fehler zuzugeben.

Suche die Fehler nicht bei Anderen, bevor du dein eigenes Verhalten nicht analysiert hast.

Du brauchst allerdings Routine darin, da gibt es keinen Schalter, den du von heute auf morgen umlegen kannst.

Lass dich dahingehend nicht von anderen zeitlich unter Druck setzen oder in Bedrängnis bringen.

Das ist ein Prozess, den du selbst und in deinem Tempo durchlaufen musst.

Sei ehrlich.

Verstelle dich nicht und sei so, wie du bist.

Dein Selbstbewusstsein wächst, wenn du es schaffst, mehr und mehr authentisch zu sein. Die Leute, mit denen du zu tun hast, haben dich mitsamt deiner Ecken und Kanten zu akzeptieren.

Wer damit nicht umgehen kann, entscheidet selbst, inwiefern er weiterhin Zeit mit dir verbringt, auch das ist in Ordnung.

Hier trennt sich die Spreu vom Weizen, und es zeigt sich, wem du in Zukunft deine Zeit schenken möchtest und wem nicht.

Du kommst in einen Strudel aus negativen Gedanken und permanentem Lügen, wenn du nicht schaffst, zu dir zu stehen.

Früher oder später fliegt ein Lügenkonstrukt mit an Sicherheit grenzender Wahrscheinlichkeit auf. Die Wahrheit kommt irgendwann ans Licht.

Du bist zudem befreit von Gewissensbissen und lebst generell ohne schlechtes Gewissen, wenn du echt bist und keine Maske aufsetzt.

Du kannst es nicht jedem recht machen.

Du kannst und sollst gar nicht jedem gefallen. Wenn du das tust, bist du *gefällig,* und somit ist die Chance groß, dass du nur das aussprichst, was die Leute hören wollen und niemals unangenehm ist.

Sobald du eine klare Haltung hast, polarisierst du. Sobald du polarisierst, zieht das Kritiker nach sich.

Akzeptiere und verinnerliche, dass viele Menschen dir gegenüber häufig ihre Meinung verschleiern und zurechtbiegen, damit kein Konfliktpotential besteht.

Ebenfalls kannst du es optisch nicht jedem recht machen, denn *die eine* universelle Attraktivität gibt es nicht. *Du* musst dich in deiner Haut wohl fühlen, nicht andere.

Wenn du an deinem Äußeren etwas verändern möchtest, tue es für *dich.*

Dein Auftreten oder dein äußeres Erscheinungsbild wird nicht allen gefallen. Schieb diese Irrelevanz getrost beiseite, solange du dir gefällst und du deinem eigenen Ideal entsprichst.

Etappenziele.

Diesen Punkt habe ich bereits erwähnt, doch meiner Ansicht nach ist die Planung mittels einzelner Etappenziele so gewinnbringend, dass ich diesen Punkt noch einmal ausführen möchte.

Wenn du eine Aufgabe angehst und dir Ziele setzt, sollte das „Step by Step" vonstattengehen.

Es bringt nichts, wenn du dich hetzt, etwas überstürzt oder zu einem ungeeigneten Zeitpunkt entscheidest.

Die Gefahr, wenn du zu schnell zu viel willst, besteht darin, dass du an Motivation verlierst, sobald du nach einer Euphorie-Welle sehr schnell auf den Boden der Tatsachen zurückgeholt wirst.

Wenn du dir Etappenziele setzt und die erforderlichen Maßnahmen bis dorthin schrittweise bearbeitest und erfüllst, kannst du dich an kleinen Erfolgen hochziehen und daraus mehr und mehr Antrieb schöpfen.

Diese Motivation ermöglicht eine mächtige Kraft, denn du selbst gibst sie dir und spornst dich damit an, und somit bist du wieder unabhängig von Bestätigung oder Ermutigung von außen durch Andere.

Dein Selbstbewusstsein wird wachsen, sobald du Etappenziele erreichst und nicht ständig Nackenschläge kassierst, die dich zurückwerfen können.

Schätze den Zeitraum zum Erreichen des Endziels gut und in aller Ruhe und Zurückgezogenheit ein, schreibe es auf, plane, strukturiere, wäge gut ab – und freue dich auf die Reise bis dorthin.

Gib dir Zeit, doch trödle nicht und schreite stetig voran.

Formuliere dein Ziel.

Um Drive in dein Leben zu bekommen, ist es hilfreich, ein großes Ziel zu haben, auf das du hinarbeiten kannst.

Reflektiere dich selbst und lege fest, was du besser kannst als andere Menschen.

Für was brennst du, warum hast du den Eindruck, das regelrecht tun zu *müssen*?

Siehst du es als deine Bestimmung? Überlege: Warum ziehst nicht nur du daraus Vorteile, und was möchtest du teilen und/oder für andere Menschen tun?

Beantworte dir diese Fragen (im optimalen Fall schriftlich) und lass dir Zeit dabei, aber beantworte sie wohlüberlegt und gründlich.

Was möchtest du dafür tun, und was musst du investieren?

Wäge auch Risiken ab.

Wo musst du in die Vollen gehen, und was musst du eventuell aufgeben?

Schreib deinen Traum nieder, halte alles schriftlich fest, was dir dazu einfällt.

So kannst du unter neue Ideen innerlich bzw. mental einen Haken machen und hast nicht die Sorge, dass ein wichtiger Punkt in Vergessenheit gerät.

Führe dein Notiz- oder Planbuch stets mit dir, sodass du alles, auch kurze Gedanken zu deinem Ziel und/oder einem Lieblingsthema gleich notieren und stets nachlesen kannst.

Damit vermeidest du innerlichen Druck oder den Zwang der Selbstüberschätzung dahingehend, alles im Kopf haben zu müssen.

Wisse: Du *brauchst* nicht alles im Kopf zu haben.

Lass getrost los, was du aufgeschrieben hast.

Nimm dir gelegentlich Zeit, um deine Notizen zu ordnen und gegebenenfalls neu zu verfassen.

Niemand möchte als wandelndes Lexikon durch die Gegend laufen und kaum noch Kapazität für neue Eindrücke haben.

Nutze daher die einfache Möglichkeit der Führung eines Notizbuches.

Je mehr du niederschreibst, desto freier ist dein Geist für neue Ideen und Gedanken.

Falls das zu kryptisch klingt, probiere es einfach aus. Du wirst bald eine gesteigerte Effektivität deiner Gedankengänge feststellen.

Was du niederschreibst, hast du aus dem Kopf und blockiert nicht mehr. Das schafft mentale Klarheit, die auf deinem Weg zum Ziel unerlässlich ist.

Solltest du für dich bereits eigene Strategien entwickelt haben, die bei der Umsetzung deiner Projekte wie ein praktisches Werkzeug funktionieren, kannst du mich sehr gerne kontaktieren – ich freue mich über neue Sichtweisen und Ansätze!

Verliere dein Ziel nicht aus den Augen und nimm dir jeden Tag *mindestens* einen Augenblick Zeit, um dich deinem persönlichen glücksgebenden Ziel näherzubringen.

Erkenne deine Bestimmung.

Entwickle positive Routinen.

In Bezug auf Business, deine Selbständigkeit, deinen beruflichen Werdegang oder auch hinsichtlich privater Erfolge ist es ratsam, dass du kleine, positive Momente schaffst, die nach einer erfolgreichen Phase eingestreut werden.

Belohne dich mit einem Highlight, sei es, gut essen zu gehen, etwas Besonderes zu unternehmen oder was auch immer dich glücklich macht.

Somit bleibst du nicht nur bei deinen Vorhaben am Ball, es bedeutet auch die Entstehung von zusätzlicher Motivation für dich, genauso erfolgreich weiter zu machen.

Essen zu gehen ist für mich wie ein Kurzurlaub, der unbeschreiblich erhebend ist und guttut.

Es geht sogar noch kürzer: Eine Handinhalation mit ätherischen Ölen, wie bereits beschrieben, wirkt zusammen mit geschlossenen Augen und tiefer Atmung wie ein Auftanken der körpereigenen Energiedepots. Eines meiner Lieblingsöle derzeit ist Spearmint, das bei mir regelrecht wie eine vitalisierende Keule wirkt und mir gerade in anstrengenden Momenten einen Frischekick gibt.

Wer Zeit hat, sollte, wann immer es möglich ist, Aufenthalte in der Natur in die tägliche Routine einplanen.

Falls du über einen längeren Zeitraum wenig Zeit dafür hast, versuche, wenigstens kurze Spaziergänge zu machen. Deine Körperzellen brauchen Sauerstoff, um gut zu funktionieren und den Stoffwechsel zu optimieren.

Eine Routine oder ein Ritual kannst du auch mit einer Tasse Tee oder einem Glas Wasser (vielleicht „infused" mit ätherischen Ölen, Früchten und/oder Kräutern) in deinen Alltag integrieren.

Wenn du mutig bist, kannst du dein Ritual auch auf dem Weg zur Arbeit zelebrieren –

vielleicht tanzend wie Jake Gyllenhaal als David Mitchell in *Demolition*.

;-)   .

Investiere in *dich* statt in Dinge, die du nicht beeinflussen kannst.

Ein Trend, den ich nicht unterstütze, ist der, dass von Advertisern bzw. Werbebetreibenden suggeriert wird, man solle einen beachtlichen Teil seines Geldes an Stellen investieren, wo man sich auf unbekanntes Terrain begibt.

Auf Spekulationen sollte man sich nur dann einlassen, wenn ein vertrauenswürdiger Berater zur Seite steht oder man sich selbst durch fundierte Recherche ein grundlegendes Bild machen konnte. Wer kann schon im Alleingang Kurse beeinflussen? Du solltest dir da schon sehr sicher sein, dass du ein solides Einkommen oder ein finanzielles Polster hast, auf das du zurückgreifen kannst, wenn du Geld auf unbefriedigend und nur grob kalkulierbare Sachen setzt.

Bei Investitionen beispielsweise bezüglich Krypto-Währungen oder Gold bin ich persönlich raus. Das Thema fesselt mich nicht, daher habe ich weder eine fundierte Einschätzung dafür noch das gewisse „Fingerspitzengefühl".

Gerade dann, wenn du wenig Geld besitzt, ist es sinnvoller, das vorhandene Geld in *dich* zu investieren: in deine Zukunft, deinen Traum, in deinen Plan, in die Umsetzung deiner Etappenziele und deines Haupt-Ziels wie beispielsweise in Form von Equipment oder auch mittels hochwertiger Ernährung, eine Sportausrüstung, Fachliteratur, ätherische Öle, ein gutes Konzert, ein Kinobesuch oder ein Wellness-Wochenende, um erneut Kraft zu tanken.

Das sind meines Erachtens Aufwendungen, die sich immer in jeglicher Hinsicht lohnen, denn du investierst dabei in dich selbst – und profitierst somit unmittelbar vom Gewinn.

Genieße die Vorzüge aller Zuflüsse und Inputs, die du dir selbst zuführst, und aus denen du wiederum unmittelbar Profit schlägst.

Somit investierst du in deine Gesundheit, deinen Geist, deine Leidenschaft, in dein Wohlbefinden.

Der Lohn, den du erhältst, besteht aus Genuss, Erholung, Dankbarkeit, Freude – allesamt Wegbereiter für dein persönliches wertvolles und unschätzbares Glück.

Lache über dich selbst- und nimm dich nicht zu wichtig.

Wenn du in Gesellschaft bist, ist es normal, dass Menschen testen, wie selbstbewusst du bist und wie weit sie bei dir gehen können. In Form von Scherzen oder schnippischen Kommentaren verschaffen sich die Leute ein Bild von dir; vielleicht, wie sozial, schlagfertig oder verletzlich du bist und was und wie viel du persönlich nimmst.

Lerne, über dich selbst zu lachen.

Somit wirst du Herr über dein Ego, stellst es hintenan und nimmst dich selbst nicht wichtiger als du bist.

Je stärker du das verinnerlichst, desto unerschütterlicher wird dein Selbstbewusstsein wachsen.

Wenn du allerdings verbal austeilst, solltest du auch einstecken können. Respektiere die Grenzen Anderer und erwarte nicht, dass jeder deinen Humor teilt.

Sei nicht enttäuscht, wenn dein Lieblingswitz unverstanden bleibt oder du den Eindruck hast, der Unspaßigste in der Runde zu sein.

Mach dich frei von diesen Gedanken, Zwängen und Anforderungen an dich selbst.

Somit erreichst du mentale Unabhängigkeit, die der absolute Grundstein auf deinem Weg zum Glück ist.

Streu dir selbst Konfetti ins Leben – oder, um es nachhaltiger und unvermüllter auszudrücken: Sei dein eigenes Knallbonbon!

;-)

Jammere nicht.

Ständiges Beschweren oder Jammern, wie schrecklich doch alles ist, bringt dich in deinem Leben keinen Schritt weiter. Es ist uncool und auch unfair Anderen gegenüber.

Du hast ideale Voraussetzungen dafür, dir dein Leben so zu gestalten, wie du es möchtest.

Wenn du jammerst, handelst du emotional.

Du solltest allerdings die meiste Zeit rational und mit einem kühlen Kopf handeln.

Dann triffst du die besten Entscheidungen.

Außerdem ist überflüssiges Beschweren und Jammern extrem unattraktiv, egal für welches Geschlecht.

Argumentiere sachlich.

Akzeptiere menschliche Verhaltensweisen.

Menschen sind, wie sie sind. Sie können eigen, launisch und unberechenbar zugleich sein. Manche tun dir gut, manche eher nicht.

Frauen sind Frauen, mit all ihren Eigenarten, das Gleiche gilt für Männer.

Wenn du mit jemandem zusammenlebst, kannst du an manchen Tagen über Eigenarten des Anderen lachen, und an anderen Tagen gehen sie dir komplett auf die Nerven.

Vergiss nicht, dass auch der Umgang mit dir deinen Mitmenschen gelegentlich Geduld abverlangt.

Mach dir keine Gedanken darüber, wieso weshalb warum und in welchem Ausmaß du in deinem Bekannten- und/oder Verwandtenkreis gut ankommst, denn es ist völlig nichtig.

Da ist nichts, absolut rein gar nichts, was dich an Verurteilungen durch andere in irgendeiner Weise beschäftigen sollte.

Es wird mit großer Wahrscheinlichkeit gelegentlich über dich gelästert werden, wenn du nicht anwesend bist – so what?

Das darf dich nicht belasten.

Solange über dich gesprochen wird, scheinst du für Lästermäuler unheimlich spannend und interessant zu sein.

Manche Menschen sind in ihrer geistigen Auffassungsgabe so derartig eingeschränkt und innerlich leer, dass sie ihren Input ausschließlich von außen bekommen.

Sei diesen Vampiren nicht böse.

Sie führen ein trostloses Dasein und sind weit entfernt von Optimismus, Zuversicht, Intelligenz.

Sei nicht ständig erreichbar.

Leg dein Smartphone weg.

Schalte auf Flugmodus.

Genieße die Stille, die Leichtigkeit und das Gefühl, nicht ständig abgelenkt zu werden.

Endlich kannst du dich auf dich fokussieren.

Wenn du deine Aufmerksamkeit vom Lärm der Außenwelt in die Stille in dir lenken möchtest, hast du zum jetzigen Zeitpunkt vielleicht bereits deine Wünsche, deine Ziele formuliert – idealerweise schriftlich.

Ganz gleich, ob du dich auf ein großes Ziel oder auf Etappenziele konzentrierst, solltest du das mit vollem Bewusstsein tun.

Dein Mobiltelefon unterstützt dich hierbei nicht, im Gegenteil, es lenkt dich ab.

Tu dir einen Gefallen und lege es weg.

Nun liegt dein voller Fokus auf deiner Bestimmung.

Zusätzlich wird deine Zeit wertgeschätzt, wenn du nicht immer verfügbar oder erreichbar bist. Du wirst plötzlich interessanter für deine Mitmenschen, die allmählich erkennen, dass deine Präsenz wertvoll ist und du keine Kapazität für Oberflächlichkeit, Nichtigkeiten oder zeitverschwendende Ablenkungen hast.

Heute ist der erste Tag vom Rest deines Lebens.

Wertschätze jede Minute, denn jeder Augenblick ist kostbar.

Lasse Taten sprechen.

Diskutieren bringt nichts, es raubt dir ausschließlich Energie. Jeder Mensch muss für sich auf den rechten Pfad kommen, da helfen Belehrungen und Maßregelungen nicht.

Was dein Umfeld allerdings zu spüren bekommt, ist, wenn du konsequent *handelst*.

Menschen lernen nachhaltig nur aus *Taten*.

Taten sind um ein Vielfaches effektiver als Worte, da Argumente entweder gar nicht erst wahrgenommen / gehört werden wollen und sie oft nur durch den Gehörgang rauschen.

„Erziehe" deine Mitmenschen mit Taten, wenn du dich von ihnen nicht respektiert fühlst, und lasse sie natürliche und logische Konsequenzen spüren.

Ein Beispiel: Wenn ein Freund, Kollege, Bekannter oder Familienmitglied dir immer und immer wieder mit der gleichen Leier kommt und dir eine Cassette ans Ohr drückt, für die du schlicht keinen Nerv mehr hast, dann beende das Gespräch. Sofort.

Sollten sich die individuellen Situationen nicht zu deinen Vorstellungen bessern, sortiere diese Leute aus deinem Leben.

Habe eine gute Zeit für dich, wenn du Unternehmungen machst.

In deiner Freizeit mache genau *das*, auf was *du* Lust hast, auch oder gerade weil nur du es gut findest.

Du kannst nicht regelmäßig der Bespaßer Anderer sein, nimm auf *dich* Rücksicht.

Wenn du Unternehmungen alleine machst, bietet das die ideale Gelegenheit, Ruhe in dein Leben zu bringen und auf klare Gedanken zu kommen.

Gehe ab und zu alleine in die Stadt, in ein schönes Lokal oder Restaurant deiner Wahl.

Auch in Clubs sollte deine Priorität nicht anderen Leuten gelten, sondern der Fokus auf dir liegen. Sobald ein DJ anwesend ist und an der Bar serviert wird, solltest du offen dafür sein, dort eine gute Zeit zu haben – ganz gleich, wie viele Leute vor Ort sind. *Dir* muss das Ambiente passen, in diesem du deine freie Zeit mit dir ganz alleine verbringst.

Genieße deine Zeit mit dir selbst.

Hinterlasse etwas.

Du wirst dich gut fühlen, wenn du etwas geschaffen hast, was du hinterlassen kannst.

Ich bevorzuge, etwas Physisches zu hinterlassen, also etwas zum Anfassen.

Sicher kennst du das Sprichwort: *Ein Mann sollte in seinem Leben drei Dinge tun – ein Buch schreiben, einen Baum pflanzen und ein Kind zeugen.*

Bei Punkt 1 bin ich gerade, einen Baum zu pflanzen halte ich ebenfalls für erstrebenswert. Fairerweise sehe ich mich in Zukunft nicht als

Vater, da ich ein sehr freiheitsliebender Mensch bin.

Hinterlasse etwas, um nicht in Vergessenheit zu geraten.

Deinen Namen sollte man sich merken.

Sei zusätzlich ein Vorbild in einer Funktion und dominiere bestenfalls darin.

So etwas fühlt sich bestens an und kann das Selbstwertgefühl enorm steigern.

Zweifle nicht an dir selbst.

Wir müssten mittlerweile an dem Punkt sein, jedoch hier nochmal die Erinnerung: Du weißt, was du kannst, und du weißt, was du nicht kannst.

Du akzeptierst, dass du nicht alles kannst und lenkst den Fokus auf deine Stärken.

Du kennst deinen Weg und nur *du* kannst und musst davon überzeugt sein, um ihn gehen zu können.

Es gibt schon genügend Zweifler auf dem Planeten Erde, sei kein Teil davon.

Glaube an dich!

Geschmäcker sind verschieden.

Ich nehme hier Leonardo DiCaprio oder Brad Pitt als Beispiel, da sie als Sexsymbole gelten und beim Dating quasi aus den Vollen schöpfen können: Wären sie nicht berühmt und hätten einen signifikant hohen sozialen Status, wären sie im Dating nicht erfolgreicher als andere gutaussehende Männer. Sie entsprechen den Vorlieben von vielen Frauen, aber nicht allen.

Das Gleiche gilt für mich: Ich weiß, dass ich den Geschmack von manchen Frauen treffe, von anderen nicht. Es liegt nicht an mir, sondern an unterschiedlichen, individuellen Geschmäckern.

Egal ob Größe, Statur, Haarfarbe oder Charakter: Es gibt keinen ultimativen Leitfaden für Attraktivität, jeder Mensch hat unterschiedliche Präferenzen.

Des Weiteren wertschätzen Menschen auch unterschiedliche Dinge: Einige schauen primär aufs Geld, andere auf das Aussehen, wiederum andere, ob du mit Kindern umgehen kannst.

Wenn du einen Korb bekommst oder fallengelassen wirst, liegt das manchmal auch einfach nur daran, dass du die Ansprüche des Gegenübers nicht erfüllen kannst, obwohl du deine eigenen erfüllst.

Kремple deine Werte- und Moralvorstellungen nicht um.

Bleib dir selbst treu.

Es ist normal, sich auseinanderzuleben.

Einer der Hauptgründe für Trennungen in Beziehungen ist, dass man sich auseinanderlebt. Das ist vollkommen menschlich.

Jedes Wesen befindet sich in einer stetigen Entwicklungsphase. Die Ansichten und Geschmäcker ändern sich, und ebenfalls kann die Haltung, was in einer Partnerschaft wichtig ist, variieren.

Auch Hobbies beziehungsweise die Freizeitgestaltungen sind im Wandel. Man wächst und entwickelt sich unabhängig voneinander, und somit kann es passieren, dass man sich Stück für Stück vom Partner entfernt.

Ebenfalls sinkt die Schamgrenze für unästhetische Verhaltensweisen, welche den Anderen vielleicht stören. Auch deshalb kann es zum Bruch kommen.

Lass los.

Verabschiede dich vor allem von der Vorstellung, du könntest deinen Partner ändern.

Er hat, wie du selbst, ein Recht auf Authentizität.

Ebenso lass Zwangsgedanken oder die Furcht los, ohne den Anderen nicht leben zu können.

Du kannst das sehr gut, denn du bist dazu in der Lage, dir deine wertvollen Momente des Glücks und der Dankbarkeit selbst zu erschaffen.

Lenke deinen Fokus stets auf dich, deine Vorlieben, deine Hobbies und auf alles, was dir Freude bereitet und dich nährt.

Stell dich deinen Ängsten.

Um zu wachsen, gehört es dazu, dass du dich deinen Ängsten stellst.

Das erfordert in erster Instanz Mut, du wirst aber feststellen, dass es meistens nicht so dramatisch ist wie zuvor angenommen. Es ist ein befreiendes Gefühl, wenn du etwas tust, das du schon ewig machen wolltest, bis zu dem Punkt aber einfach nicht die Traute hattest.

Um dich locker zu machen, kann es helfen, dass du vorher mit Menschen interagierst.

Wenn du gerne ein sozialer Typ wärst, kannst du dir beispielsweise vornehmen, jedes Mal, wenn du einen Fuß vor die Tür setzt, mit drei Menschen in Kontakt zu kommen und zu plaudern, die du nicht kennst.

Wenn du eine Sozialphobie hast, erfordert das viel Mut, lindert aber Stück für Stück deine Angst.

Mache im Allgemeinen das, was du schon immer tun wolltest.

Nochmal:

Machen ist wie wollen, nur krasser.

Lösche Social Media.

Der private Gebrauch von Social Media ist vor allen Dingen in meiner Generation wie ein Krebsgeschwür. Gerade jüngere Menschen können damit häufig überhaupt nicht umgehen.

Vermeintliche Vorbilder wie Influencer oder Instagram-Models werden vergöttert, wobei diese Leute zumeist nichts können außer Filter zu benutzen und sich selbst für mehr Likes zu kaschieren. Hinzu kommt, dass bei diesen vermeintlich perfekten Idolen bestimmt nicht gerade selten Selbstzweifel und

Minderwertigkeitskomplexe aufkommen, wenn der letzte Post weniger Herzchen als der vorletzte bekommt.

Ich finde, dass die private Nutzung davon reine Zeitverschwendung ist, deshalb bin ich, bis auf WhatsApp, kein Nutzer solcher Apps. Einzig fürs Business können solche Plattformen eine Möglichkeit bieten, um Reichweite zu generieren und letztendlich einen Mehrwert zu erreichen.

Wenn du es schaffst, deine Accounts zu löschen oder zumindest für eine Zeit zu deaktivieren, genießt du ab diesem Punkt die Freiheit, dass deine Stimmung nicht länger abhängig ist von Likes, Kommentaren oder der Zustimmung von Anderen.

Stell dir dieses Hochgefühl vor: Niemand kann mehr länger durch ungefragtes Hinzugeben seiner Negativität deinen Tag in eine ungute Richtung lenken.

Ist das nicht unfassbar befreiend?

Mach einen Schritt heraus aus der virtuellen Welt und zwei hinein in die reale Welt.

Gib dir selbst deine (imaginären) Likes, kommentiere selbst deine Ansicht, deine Erlebnisse, deine Erfolge und Misserfolge.

Dieser Rat, diese Affirmation kommt von ganzem Herzen:

Wähle nicht die Ablenkung in Form einer Scheinwelt, sondern die *reale* Welt.

Entscheide dich für *das Leben*.

Vergleiche dich nicht mit Leuten, die du nicht kennst.

Menschen, die du persönlich nicht kennst, dürfen unter keinen Umständen ein Vergleichs-Maßstab für dich sein.

Du kennst sie nicht einmal privat. Du weißt nicht, wie sie wirklich ticken und leben.

Online zeigen diese Leute zumeist nur eine geschönte und unechte Fassade ihres wahren Gesichts, bearbeiten ihre Bilder, passen ihre Meinung dem Mainstream an, um gut dazustehen.

Sei deshalb vorsichtig, deren Werte oder Einstellungen zu idealisieren.

Bilde dir zu jedem Thema eine eigene Meinung.

Lass dir das Denken nicht abnehmen.

Definiere dich nicht über deine Finanzen und sprich nicht über sie.

Einige Menschen, die ein prall gefülltes Konto haben, lassen sich das anmerken, indem sie es raushängen lassen und permanent damit prahlen und nerven, wie viel sie besitzen. Wem möchten diese Leute etwas beweisen außer sich selbst?

Der wirklich Kluge zeigt nicht, was er besitzt.

Es macht diese Menschen ausnutzbar, wenn sie ihre materiellen Besitztümer jedem auf die Nase binden. Plötzlich kommen Verwandte oder Freunde um die Ecke, von denen sie noch nie etwas gehört haben, und wollen ein Stück vom Kuchen.

Man sollte hier konsequent sein und nichts abgeben, zumindest nicht den Leuten, die offensichtlich einen Scheißdreck auf dich geben… Für das Blechen sollst du gut genug sein? Mitnichten!

Erkenne „Vampir-Menschen" und meide sie.

Unter dieses Raster, welches ich im letzten Unterkapitel angeschnitten habe, fallen auch „Vampir-Menschen".

Es sind Menschen, die beispielsweise bei einem Lotto-Gewinn um die Ecke gekrochen kommen und Anspruch auf dein Hab und Gut fordern.

Gib ihnen nichts ab.

Es sind im allgemeinen Menschen, die dir durch ihre negative Aura Energie ziehen und dich förmlich aussaugen. Das ist toxisch für dein Wohlbefinden.

Streiche diese Menschen aus deinem Leben und breche den Kontakt ab!

Gib dein Geld nicht für Blödsinn aus.

Gib dein Geld nicht für Sachen aus, die nur einen *vermeintlichen* Mehrwert für dein Leben bringen.

Die Leute rechnen zumeist falsch. Sie beschweren sich, wie schlimm es ihnen finanziell geht, hauen aber gleichzeitig das Geld für völlig unnötigen Kram auf den Kopf, anstatt die Basics des Alltags zu stemmen. Uhren gehören beispielsweise meinem Empfinden nach zu unnötigem materiellem Ballast. Insofern du ein Handy besitzt, kannst du dir auch damit die Uhrzeit erschließen, dafür braucht es keine teure Rolex.

Unnötige Spekulationen in Form von Aktien-Kauf, obwohl du nur gefährliches Halbwissen von dieser Thematik besitzt, sind ebenfalls unklug.

Und wenn man die grüne Umweltschützer-Schiene fährt, dann sollte man auch konsequent sein und beispielsweise auf Touren mit einem Kreuzfahrtschiff verzichten.

Lass dir deine Vorlieben nicht madig quatschen.

Ich persönlich mag es beispielsweise nicht, wenn man mein Essverhalten kommentiert oder meinen Esskonsum kritisiert. Ebenfalls kann ich es nicht leiden, wenn man mit ekligen Themen bei Tisch anfängt.

Geht es dir auch so? Dann mach es in Zukunft so wie ich: Verlasse den Raum und gehe in einen anderen.

Das bildet eine Art Erziehungsmaßnahme für dein Gegenüber, das es sich bei der nächsten

Gelegenheit sicher zweimal überlegt, ob es seinen Senf dazu geben möchte.

Lass dich niemals maßregeln und zurechtbiegen.

Du bist alt genug und weißt, was du brauchst, und was gut für dich ist.

Lass dich von Werbung und vermeintlichen Statussymbolen nicht blenden.

Du solltest dir eine Sache ins Gewissen rufen, wenn du Werbung wahrnimmst: Das Unternehmen interessiert sich in den wenigsten Fällen für den Verbraucher, sondern einzig und allein für den Umsatz.

Es möchte dir eine Art Lifestyle vorgaukeln, der nicht existiert. Wenn dich Werbung nicht beeinflusst, ist das der erste Schritt dahin, dich auf allen Ebenen weniger beeinflussbar zu machen – zumal Statussymbole käse sind, da sie dein Leben kein Stück aufwerten. Der Besitz von vielen Statussymbolen zeigt, dass du der Masse hinterherrennst und in diesem Punkt keinen starken Charakter hast.

Besinne dich auf deinen wahren Wert.

Du hast nicht viel zu verlieren, wenn du nicht viel besitzt.

Sobald graue Wolken in deinen Kopf geraten, vergewissere dich: Es kann nur bergauf gehen, wenn du ganz unten bist!

Es gibt sogar positive Aspekte: Du legst eine Scheißegal-Mentalität an den Tag. Du wirst dadurch ein Gefühl der Freiheit empfinden.

Außerdem bist du risikofreudiger und überdenkst nicht Entscheidungen, die dein erster Impuls waren und sich als richtig herausstellen.

Gib dich nicht mit dem Minimum zufrieden.

Sei niemals satt! Strebe immer nach deinem persönlichen Maximum: Sky is the Limit!

Wenn du erfolgreich bist, dann sei besessen und bissig, sodass du noch erfolgreicher wirst! Höre auf, dich mit Negativität zu füttern.

Es raubt dir Zeit, Lebensenergie und deine Kreativität, die du für deinen Weg aufbringen möchtest.

Jede Entscheidung zieht Konsequenzen nach sich.

Sowohl tagtägliche Entscheidungen als auch weitläufige Entscheidungen, die dein Leben taktieren, bestimmen und in eine Bahn lenken, weisen zumeist auch negative Aspekte auf. Die Kehrseite der Medaille kommt hierbei häufig zum Vorschein. Jeder Aspekt deines Lebensstils zeigt eine Balance zwischen richtig und falsch auf.

Mache dir jedoch etwas weniger Gedanken über mögliche Konsequenzen, sonst neigst du dazu, unnötig zu überdenken – oder extremer noch: zu *zer*denken.

Rechne mit Abstrichen, wenn du beispielsweise für ein Hobby auf gewisse Sachen verzichten musst.

Zeit ist nicht grenzenlos vorhanden.

Sei dir darüber im Klaren.

Nutze sie – ab *j e t z t!*

Schreite los und finde dein Glück.

Ich wünsche dir dabei alles erdenklich Gute, und wenn du Fragen hast, kontaktiere mich.

Gern erläutere ich einzelne Punkte oder erarbeite mir dir gemeinsam einen für dich gangbaren und umsetzbaren Plan, damit du deine Ziele und dein persönliches Glück erreichen kannst.

Ich bin davon überzeugt, dass du das schaffen wirst.

Tu es für dich selbst. Tu es, denn es wird niemand sonst für dich tun.

Lass Ängste, Unsicherheiten und schlechte Angewohnheiten nun los.

Entscheide dich für die Sonnenseite.

Alles Liebe

Tim Guillaumon

Epilog

Das größte Glück

Wir sind am Ende dieses Buches angekommen. Ich wünsche mir, dass meine Aussagen bei dir Anklang finden und du einiges in dein Leben und deinen Kosmos mit aufnehmen kannst.

Mit einer realistischen Einschätzung der äußeren Umstände und einem klaren Kopf kannst du dein Glück genießen.

Es liegt an dir, das Beste aus deinen Lebensumständen zu machen, die dir in die Wiege gelegt wurden.

Mein größtes Glück ist, dass ich es in jungen Jahren bereits gefunden habe.

Meine positive Einstellung zum Leben steht auf einem massiven Gerüst.

Niemand, egal ob Neider, Hater, Zweifler oder Kritiker, kann mir dieses Glück nehmen.

Im Leben habe ich gewonnen.

Dafür möchte ich meinen Eltern danken, die mich bei diesem Projekt mental unterstützt haben und mir bei meinen Vorhaben niemals Steine in den Weg legen.

Ebenfalls möchte ich meinen Befürwortern danken, die meinen Lebensweg kennen.

Sie wissen, dass es eine meiner Bestimmungen ist, zur Thematik Lebensglück etwas beizutragen, um weiterführend genau *den* Menschen, die mehr Genuss durch Freude erleben möchten, praktischen, umsetzbaren Rat als Werkzeug mit auf diesen spannenden Weg zu geben.

Da ich selbst durch schwierige Zeiten gehen musste, bin ich hier einer der Besten, denn einen Weg von der Finsternis raus ins Licht konnte ich mir selbst erfolgreich erkämpfen.

Ich kenne keinen Menschen, der glücklicher ist als ich.

Wenn ich dir die unbeschreiblich schöne und erstrebenswerte Reise ins Licht aufgezeigt und den Weg für dich persönlich klarer gemacht habe und auf verständnisvolle Weise näherbringen durfte, würde mich das ebenso mit unbeschreiblichem Glück und tiefer Dankbarkeit erfüllen.

Dir, lieber Leser, möchte ich aus diesem Grund von ganzem Herzen danken.

Ich danke dir, dass du mit mir gemeinsam meinen Weg hast Revue passieren lassen.

Ich danke es dir ebenfalls, wenn bei dir keine Sorgen, Selbstzweifel oder Unsicherheiten mehr aufkommen.

Das Leben ist schön.

Lebe es!